Estudios económicos de la OCDE:
España
2017

Tanto este documento como cualquier mapa que se incluya en él no conllevan perjuicio alguno respecto al estatus o la soberanía de cualquier territorio, a la delimitación de fronteras y límites internacionales, ni al nombre de cualquier territorio, ciudad o área.

Por favor, cite esta publicación de la siguiente manera:
OCDE (2017), *Estudios económicos de la OCDE: España 2017*, Editiones OCDE, Paris.
http://dx.doi.org/10.1787/9789264271920-es

ISBN 978-92-64-27191-3 (impresa)
ISBN 978-92-64-27192-0 (PDF)
ISBN 978-92-64-27200-2 (epub)

Este documento es una traduccion del texto oficial escrito en inglés.

Los datos estadísticos para Israel son suministrados por y bajo la responsabilidad de las autoridades israelíes competentes. El uso de estos datos por la OCDE es sin perjuicio del estatuto de los Altos del Golán, Jerusalén Este y los asentamientos israelíes en Cisjordania bajo los términos del derecho internacional.

Fotografías: Portada © Inmagine Ltd/Westend61.

Las erratas de las publicaciones de la OCDE se encuentran en línea en: *www.oecd.org/about/publishing/corrigenda.htm*.

Índice

Este estudio se publica bajo la responsabilidad del Comité de Revisión Económica y de Desarrollo de la OCDE, que tiene a su cargo la evaluación de la situación económica de los países miembros.

El Comité analizó la situación y las políticas económicas de España el 19 de enero de 2017. Después se revisó el borrador del informe tomando en cuenta las discusiones y el 30 de enero de 2017 se realizó la aprobación final del informe acordado por todo el Comité.

El borrador del informe del Secretariado fue preparado para el Comité por Aida Caldera Sánchez, David Haugh, Yosuke Jin y Pilar García Perea bajo la supervisión de Pierre Beynet. Müge Adalet McGowan and Dan Andrews tambien contribuyeron. Gabor Fulop prestó asistencia en la investigación y Sylvie Ricordeau asistencia técnica.

El anterior Estudio de España se publicó en septiembre de 2014.

Siga las publicaciones de la OCDE en:

http://twitter.com/OECD_Pubs

http://www.facebook.com/OECDPublications

http://www.linkedin.com/groups/OECD-Publications-4645871

http://www.youtube.com/oecdilibrary

http://www.oecd.org/oecddirect/

Este libro contiene...

StatLinks
¡Un servicio que transfiere ficheros Excel® utilizados en los cuadros y gráficos!

Busque el logotipo *StatLinks* en la parte inferior de los cuadros y gráficos de esta publicación. Para descargar la correspondiente hoja de cálculo Excel®, sólo tiene que introducir el enlace en la barra de direcciones de su navegador incluyendo primero el prefijo *http://dx.doi.org* o bien haga clic en el enlace de la versión electrónica.

ESTADÍSTICAS BÁSICAS DE ESPAÑA, 2015
(las cifras entre paréntesis se refieren al promedio de la OCDE)[*]

TERRITORIO, POBLACIÓN Y CICLO ELECTORAL

Población (millones)	46.4		Densidad de población por km²	92.5	(37.0)
Menores de 15 (%)	15.1	(18.0)	Esperanza de vida (años, 2014)	83.3	(80.6)
Mayores de 65 (%)	18.6	(16.3)	Hombres	80.4	(77.9)
Nacidos en el extranjero (%, 2014)	13.2		Mujeres	86.2	(83.3)
Crecimiento promedio de los últimos 5 años (%)	-0.1	(0.6)	Últimas elecciones generales	juin 2016	

ECONOMÍA

Producto Interno Bruto (PIB)			Participación en valor agregado (%)		
En precios actuales (mil millones de USD)	1 193.0		Sector primario	2.6	(2.5)
En precios actuales (mil millones de EUR)	1 075.6		Industria, incluyendo construcción	23.6	(27.0)
Crecimiento real promedio de los últimos 5 años (%)	-0.2	(1.9)	Servicios	73.8	(70.6)
Per cápita (miles de USD, PPA)	34.7	(40.8)			

GOBIERNO GENERAL
Porcentaje del PIB

Gasto	43.8	(40.5)	Deuda financiera bruta	116.8	(114.0)
Ingreso	38.6	(37.9)	Deuda financiera neta	82.0	(72.7)

CUENTAS EXTERNAS

Tipo de cambio (EUR por USD)	0.901		Principales exportaciones (% exp. totales de mercancías)		
Tipo de cambio PPA (USA = 1)	0.667		Maquinaria y equipo de transporte	33.9	
Porcentaje del PIB			Productos manufacturados	15.4	
Exportaciones de bienes y servicios	33.2	(54.8)	Productos químicos y similares	13.5	
Importaciones de bienes y servicios	30.7	(50.2)	Principales importaciones (% imp. totales de mercancías)		
Balance por cuenta corriente	1.4	(0.2)	Maquinaria y equipo de transporte	31.1	
Posición neta de inversión internacional (2014)	-87.9		Productos químicos y similares	14.8	
			Artículos manufacturados diversos	14.1	

MERCADO DE TRABAJO, HABILIDADES E INNOVACIÓN

Tasa de empleo (%) para personas de 15 a 64 años	57.8	(66.2)	Tasa de desempleo, Encuesta de población activa		
Hombres	62.9	(74.1)	(mayores de 15 años) (%)	22.1	(6.8)
Mujeres	52.7	(58.5)	Jóvenes (15-24 años, %)	48.4	(13.9)
Tasa de actividad (%) para personas de 15 a 64 años	75.5	(71.3)	Desempleados de larga duración (1 año y más, %)	11.4	(2.2)
Promedio de horas trabajadas por año	1 691	(1 766)	Población con educación superior, 25-64 años (%)	35.1	(35.0)
			Gasto interior bruto en I+D (% del PIB)	1.2	(2.4)

MEDIO AMBIENTE

Suministro total de energía primaria per cápita (toe)	2.6	(4.1)	Emisiones de CO_2 de combustión de combustibles per cápita		
Renovables (%)	14.4	(9.6)	(toneladas, 2014)	5.0	(9.4)
Exposición a contaminación del aire (más de 10 µg/m³			Extracción de agua per cápita (1 000 m³, 2012)	0.8	
de PM$_{2,5}$ % de población, 2013)	70.2	(72.3)	Residuos municipales per cápita (toneladas, 2014)	0.4	(0.5)

SOCIEDAD

Desigualdad de ingresos (coeficiente de Gini, 2013)	0.346	(0.311)	Resultados educativos (puntaje de PISA, 2015)		
Índice de pobreza relativa (%, 2013)	15.9	(11.1)	Lectura	496	(493)
Renta equivalente mediana de los hogares (mil USD PPA, 2013)	19.2	(22.0)	Matemáticas	486	(490)
Gasto público y privado (% del PIB)			Ciencias	493	(493)
Sanidad	9.0	(9.0)	Proporción de mujeres en el Congreso (%)	41.1	(28.6)
Pensiones (2013)	12.0	(9.1)	Asistencia oficial al desarrollo neta (% de la RNB)	0.12	(0.37)
Educación (excluyendo la superior, 2013)	3.0	(3.7)			

Índice para una vida mejor: *www.oecdbetterlifeindex.org*

[*] Cuando no se proporciona el agregado de la OCDE en la base de datos usada como fuente, se calcula un promedio simple de la OCDE de la información disponible más reciente donde se cuenta con datos sobre al menos 29 países miembros.

Fuente: Cálculos basados en datos extraídos de las bases de datos de las siguientes organizaciones: OCDE, Agencia Internacional de la Energía, Banco Mundial, Fondo Monetario Internacional y Unión Interparlamentaria.

Resumen ejecutivo

- *La recuperación está en marcha pero sigue siendo difícil conseguir un crecimiento más inclusivo*
- *Promover la inversión empresarial en innovación es clave para activar la productividad*
- *La reducción del desempleo y la mejora de la calidad del trabajo pueden generar un crecimiento más inclusivo*

La recuperación está en marcha pero sigue siendo difícil conseguir un crecimiento más inclusivo

El crecimiento va cobrando fuerza
PIB real, índice T4 2007 = 100[1]

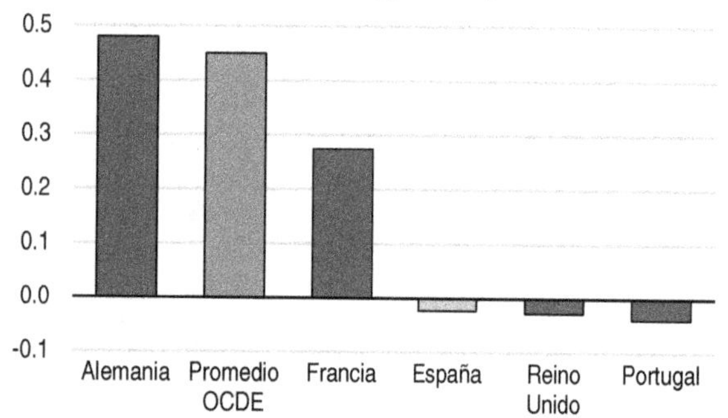

1. Países miembros de la zona del euro que también son miembros de la OCDE (16 países).
Fuente: OCDE (2017), *OECD Economic Outlook: base de datos de estadísticas y proyecciones,* marzo.
StatLink http://dx.doi.org/10.1787/888933458795

Tras haber experimentado una recesión profunda, España disfruta de una sólida recuperación con un crecimiento medio del 2,5% en los últimos tres años. La amplia batería de reformas estructurales acometidas ha contribuido al aumento sostenible de los niveles de vida. La política monetaria altamente acomodaticia de la zona del euro, el bajo precio del petróleo y, más recientemente, la política fiscal expansiva han servido de apoyo a la demanda interna. Las exportaciones han destacado especialmente, ya que España ha resistido la ralentización del crecimiento mundial de las exportaciones. No obstante, sigue siendo difícil conseguir un aumento del bienestar y del PIB per cápita, sobre todo mediante incrementos de la productividad, así como generar un crecimiento más inclusivo.

Promover la inversión empresarial en innovación es clave para activar la productividad

El crecimiento de la productividad en España es bajo
Crecimiento anual promedio de la productividad multifactorial entre 2008-15, porcentaje

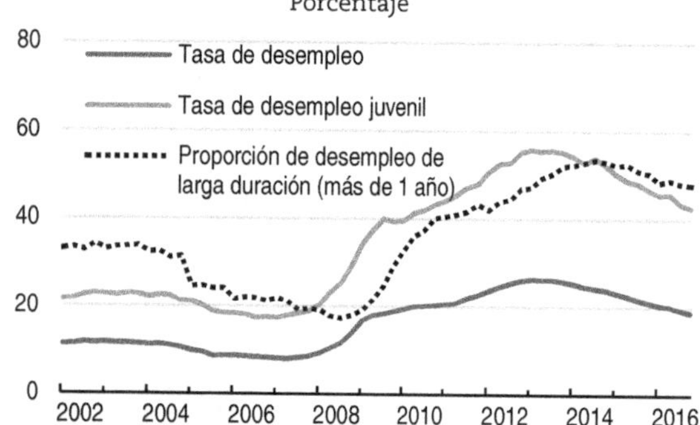

Fuente: OCDE (2016), "OECD Economic Outlook No. 100, Vol. 2016 No.°2", *OECD Economic Outlook: base de datos de estadísticas y proyecciones,* noviembre.
StatLink http://dx.doi.org/10.1787/888933458808

España lleva tiempo padeciendo un crecimiento muy bajo de la productividad, lo cual ha limitado el aumento de los niveles de vida. La asignación del capital hacia empresas de baja productividad y la escasez de inversión en innovación han lastrado la productividad, aunque recientemente la asignación del capital ha mejorado. Entre las políticas que favorecen una mejor asignación del capital y una mayor productividad se incluyen la reducción de los obstáculos regulatorios en los mercados de bienes que lastran la competencia, la promoción de mayores inversiones en I+D+i, y garantías de que el capital se dirija a un espectro más amplio de empresas innovadoras. La reducción de las barreras de entrada y la mejora de las condiciones estructurales para la creación de empresas también contribuirían a impulsar las inversiones respetuosas con el medio ambiente.

La reducción del desempleo y la mejora de la calidad del trabajo pueden generar un crecimiento más inclusivo

El desempleo sigue siendo muy elevado
Porcentaje

La tasa de desempleo disminuye progresivamente gracias al mayor crecimiento económico pero sigue situándose en niveles muy elevados, sobre todo entre los jóvenes y los desempleados de larga duración. Hay una elevada proporción de desempleados de larga duración que corre el riesgo de perder habilidades, lo que puede llevar a la desafección y alienación. La pobreza también ha aumentado, debido principalmente a la falta de empleo de calidad que proporcione suficientes horas de trabajo remunerado y unos ingresos adecuados. Parte de la respuesta a estas dificultades es la continuación de un crecimiento económico sólido, pero también es fundamental reforzar la formación y la asistencia en la búsqueda de empleo, así como mejorar la protección social con un mayor apoyo en materia de ingresos mínimos.

Fuente: OCDE (2017), *OECD Employment and Labour Market Statistics* (base de datos), febrero y Eurostat ("Employment and unemployment (encuesta de población activa)", *base de datos de Eurostat,* febrero.
StatLink http://dx.doi.org/10.1787/888933458814

HALLAZGOS	RECOMENDACIONES

Políticas macroeconómicas

HALLAZGOS	RECOMENDACIONES
Además de otros factores, las reformas estructurales han contribuido a la recuperación económica y a la mejora de la competitividad.	Seguir acometiendo reformas estructurales dirigidas a conseguir un crecimiento sólido y equilibrado.
La deuda pública es elevada y existen riesgos en torno a su reducción en un futuro.	Ajustarse a los objetivos fiscales a medio plazo para garantizar una reducción gradual de la deuda pública.
El sistema tributario se caracteriza por la existencia de vacíos legales que menoscaban la base fiscal. Los ingresos procedentes de impuestos ambientales han disminuido en términos reales desde el año 2000.	Mejorar la eficiencia del sistema tributario mediante: • La abolición de exenciones del IRPF con un enfoque inadecuado. • La abolición de tipos reducidos del IVA de carácter regresivo. • El aumento de los impuestos ambientales.

Reducir el desempleo y conseguir un crecimiento más inclusivo

HALLAZGOS	RECOMENDACIONES
Los niveles generales de pobreza y la pobreza infantil siguen siendo elevados y las transferencias en efectivo, de baja cuantía y deficiente concepción, apenas contribuyen a su reducción.	Aumentar el volumen y el alcance de los programas regionales de apoyo en materia de ingresos mínimos así como de ayudas en efectivo para familias con hijos.
La tasa de desempleo está disminuyendo, pero síendo cercana al 19%, sigue siendo muy elevada. Prácticamente la mitad del total de los desempleados no tiene trabajo desde hace más de un año.	Aumentar la eficiencia de los servicios públicos de empleo de las comunidades autónomas mediante: • El uso de herramientas para la creación de perfiles de los desempleados así como de consultores especializados; • El aumento de los recursos y el número de profesionales de servicios de empleo por cada demandante de empleo; • La mejora de la coordinación para proporcionar un apoyo integral a los demandantes de empleo a través de un punto único de contacto para los servicios sociales y de empleo y programas de asistencia social.
Las condiciones laborales y salariales impuestas por la prórroga de los convenios colectivos pueden ser demasiado restrictivas para que las nuevas empresas puedan competir con las empresas más establecidas.	Solicitar que exista una representación cada vez mayor de los colectivos empresariales cuando se autorice la prórroga de los convenios colectivos.
Las elevadas contribuciones empresariales a la seguridad social aumentan la carga tributaria sobre el trabajo, desincentivando el empleo.	Reducir las contribuciones empresariales a la seguridad social para los trabajadores de salarios bajos con contratos indefinidos.
El nivel de habilidades entre los adultos es bajo y lastra el crecimiento de la productividad. Desciende la tasa de abandono escolar pero sigue siendo elevada.	Mejorar la calidad de la enseñanza a través de una mejor formación universitaria del profesorado y en el puesto de trabajo.
En torno al 40% de los jóvenes no tiene empleo y muchos de ellos cuentan con una baja cualificación.	Continuar el desarrollo y la modernización de la enseñanza y formación profesionales (EFP). Ampliar la EFP dual y garantizar que las competencias enseñadas satisfagan las necesidades empresariales promoviendo la adopción de un papel más destacado por parte de las empresas en la formación de los alumnos y en el diseño de los planes de estudio. Potenciar el sistema de EFP y los programas de formación para adultos para ayudar a los desempleados y aquellos que necesiten adquirir habilidades relevantes.

Promover la inversión empresarial en innovación

Las limitaciones estructurales frenan la competencia.	Continuar con la implantación de la Ley de Unidad de Mercado y aprobar la reforma de los servicios profesionales.
El insuficiente nivel de inversión destinado al capital basado en el conocimiento frena el crecimiento de la productividad. El gasto de las empresas en investigación y desarrollo (I+D) es bajo y existe una elevada fuga de investigadores cualificados.	Reasignar parcialmente partidas de préstamos para I+D a ayudas a I+D para proyectos e investigadores en función de criterios de resultados y de revisión internacional inter pares.
La asignación deficiente de capital a empresas de baja productividad en determinados sectores frena el crecimiento de la productividad.	En aquellos casos en los que la condonación de la deuda no sea automática, reducir el periodo durante el cual los emprendedores en quiebra estén obligados a devolver las deudas anteriores a partir de sus ingresos futuros. Crear fondos de bonos de pymes con avales proporcionados por el Gobierno y las pequeñas y medianas empresas (pymes). Aumentar la financiación pública y privada para empresas innovadoras de reciente creación (financiación semilla y fases iniciales de desarrollo).

Evaluación y recomendaciones

- *Se prevé que la recuperación económica avance a buen ritmo*
- *Impulsar el sector financiero para aumentar el crecimiento del crédito*
- *Política fiscal*
- *Conseguir un crecimiento más inclusivo mediante la reducción del desempleo y la mejora de la calidad del trabajo*
- *Mejorar el crecimiento sostenible a medio plazo*

Los datos estadísticos para Israel son suministrados por y bajo la responsabilidad de las autoridades israelíes competentes. El uso de estos datos por la OCDE es sin perjuicio del estatuto de los Altos del Golán, Jerusalén Este y los asentamientos israelíes en Cisjordania bajo los términos del derecho internacional

La recuperación de la economía española, en marcha desde 2013, ha sido una de las más sólidas de la OCDE gracias a la implantación de una amplia batería de reformas estructurales (Recuadro 1), una política monetaria muy expansiva en la zona del euro, una política fiscal más laxa y un importante saneamiento del sistema bancario. El dinamismo del crecimiento y la moderación salarial han derivado en una sólida creación de puestos de trabajo, reduciendo la tasa de desempleo de niveles muy elevados y proporcionando a los consumidores un mayor nivel de ingresos. Las exportaciones han crecido con fuerza a pesar de la debilidad de los mercados internacionales, reflejando así la mejora de la competitividad salarial, y han contribuido a transformar el déficit por cuenta corriente en superávit. Es probable que se consiga un ritmo de crecimiento económico superior al 2% anual en el corto plazo.

Recuadro 1. **Resumen de las reformas más recientes acometidas en España**

Sector bancario

A fin de restablecer la estabilidad financiera, el Gobierno adoptó en 2012 un programa de reformas con la asistencia de la Unión Europea, incluida una línea de crédito por un importe de hasta 100 000 millones de euros (de los cuales solo se utilizaron 40 000 millones de euros). El programa identificó los bancos en situación de debilidad a través de un detallado análisis cualitativo de activos así como pruebas independientes de resistencia, se les obligó a abordar sus deficiencias de capital – incluso mediante su reestructuración – y se transfirieron a la nueva sociedad de gestión de activos (SAREB) los préstamos inmobiliarios de los bancos intervenidos con fondos públicos. Los activos transferidos a la SAREB representaban el 10% del PIB y el 3% de los activos bancarios (Medina Cas y Peresa, 2016) y se redujo la tasa de morosidad del conjunto de la banca en torno a 1 punto porcentual. El programa también se tradujo en el fortalecimiento de la regulación y la supervisión del sector financiero y de los procedimientos de resolución de entidades para facilitar un saneamiento más ordenado y promover una mayor estabilidad financiera.

Mercado laboral

La reforma del mercado laboral de 2012 redujo la restrictividad de la legislación sobre la protección del empleo a los trabajadores indefinidos. Su objetivo fue definir con mayor claridad los criterios que justificaban el despido procedente y reducir la cuantía de la compensación por despido improcedente. La reforma de 2012 dio prioridad a los convenios colectivos formalizados dentro de una empresa por encima de convenios colectivos de ámbito superior y relajó las condiciones por las que las empresas podían descolgarse con mayor facilidad de estos últimos (OCDE, 2014a).

Mercado de bienes y servicios

La Ley de Unidad de Mercado, adoptada en 2013, tiene como objetivo armonizar la regulación empresarial entre las distintas comunidades autónomas y crear un mercado verdaderamente único. Esta ley simplifica los requisitos de concesión de licencias a empresas aumentando el uso de los procedimientos de notificación, reduciendo la necesidad de obtener autorizaciones previas y velando por que los permisos que se concedan en una comunidad autónoma sean válidos automáticamente en las demás (OCDE, 2014a).

> **Recuadro 1. Resumen de las reformas más recientes acometidas en España** (*continuation*)
>
> **Educación**
>
> La Ley Orgánica para la mejora de la calidad educativa (LOMCE), aprobada en 2013 e implantada de manera progresiva desde el año escolar 2014/15, tiene como objetivo reducir el abandono escolar y mejorar los resultados en materia de educación. Esta ley implanta unas nuevas evaluaciones externas de alumnos a nivel nacional; concede una mayor autonomía a los centros educativos a cambio de una mayor asunción de responsabilidades, al tiempo que moderniza y desarrolla el sistema de enseñanza y formación profesionales (EFP). En 2012, se introdujo un nuevo sistema dual de EFP que desarrolla un modelo para la concesión de certificados de profesionalidad por parte del Ministerio de Empleo así como otro modelo que permite la obtención de un grado respaldado por el Ministerio de Educación. Los exámenes estandarizados a nivel nacional persiguen dos metas fundamentales: en educación primaria, el objetivo es identificar a aquellos estudiantes que tengan dificultades a fin de proporcionarles un apoyo adicional. Al finalizar la educación obligatoria y la educación secundaria superior, el objetivo es definir los estándares que los alumnos han de alcanzar a fin de obtener un grado a escala nacional.
>
> **Impuestos**
>
> La reforma tributaria de 2014 redujo los tipos oficiales del impuesto sobre la renta, en especial para los trabajadores con salarios más bajos, y simplificó las diferentes deducciones sobre las rentas del trabajo, reduciendo la cuña fiscal y la carga tributaria sobre el trabajo. Eliminó prestaciones con efectos distorsionadores del impuesto sobre la renta, como la exención tributaria por adquisición de vivienda. Asimismo, redujo el tipo general del impuesto sobre sociedades del 30% al 25%. En 2014 se introdujo un impuesto sobre gases fluorados. Tal y como se indica más adelante, en diciembre de 2016 se aprobaron ciertos cambios a la reforma del impuesto sobre sociedades.
>
> **Pensiones**
>
> Las reformas de 2011 y 2013 aumentaron la edad de jubilación y redujeron la tasa de reemplazo. Tras estas reformas, se revisó el cálculo de la base reguladora la referencia utilizada para el cálculo de las pensiones y la cuantía de las prestaciones por pensiones se vinculará en el futuro a la esperanza de vida (OCDE, 2015a).
>
> **Administración pública**
>
> En 2012 se creó la Comisión para la Reforma de las Administraciones Públicas (CORA) para mejorar la eficiencia del sector público a todos los niveles –central, regional y local– (OCDE, 2014b). La reforma, junto con la Ley de Racionalización y Sostenibilidad de la Administración Local de 2013, ha generado un impulso a gran escala para establecer la asignación de responsabilidades en los distintos niveles de las administraciones públicas, reducir la duplicación y el solapamiento entre las distintas jurisdicciones y limitar la creación de nuevas agencias o entidades públicas a nivel local. El número de agencias (esto es, Entidades Dependientes del Sector Público) en la administración de las comunidades autónomas se ha reducido en un 34% entre 2012 y 2016. Un informe reciente de la OCDE indica que España ha conseguido avances en la implantación de las recomendaciones de la OCDE con respecto a la primera Revisión de Gobernanza Pública de la OCDE sobre la CORA (OCDE, 2016a).

De cara al futuro, para mantener el ritmo de crecimiento actual e incrementar el nivel de vida será necesario continuar con las reformas para consolidar la recuperación de la economía y mejorar su potencial de crecimiento, el cual ha caído de manera significativa. Teniendo en cuenta que el nivel de deuda pública se sitúa en torno al 100% del PIB y el déficit sigue en valores cercanos al 5%, el margen de expansión fiscal es limitado, de manera que las nuevas medidas de gasto deberán tener un perfil fiscal lo más neutral posible. No obstante, es importante estimular el crecimiento y la productividad reorientando el gasto hacia partidas que promuevan el crecimiento, como la educación, las políticas activas del mercado de trabajo y el I+D, las cuales son inferiores a las de los países homólogos y han descendido de forma significativa desde la crisis. Las mejoras en la productividad, si se comparten a través de aumentos salariales, serán fundamentales para mejorar el bienestar de la ciudadanía española y para conseguir un crecimiento más inclusivo.

La población española disfruta de un nivel muy bueno de relaciones sociales, y una buena conciliación de las esferas personal y laboral, seguridad personal y salud (Figura 1, Panel A). Sin embargo, existen mayores deficiencias de bienestar en relación con otros países en áreas clave como renta, empleo y educación. Más allá de estos promedios, también existe una heterogeneidad significativa ya que algunos grupos de población salen considerablemente peor parados que otros, sobre todo en ámbitos clave como renta y empleo (Figura 1, Panel B).

Figura 1. ¿Cómo es la vida en España?

Índice para una Vida Mejor, 2016[1]

A. Indicadores de bienestar

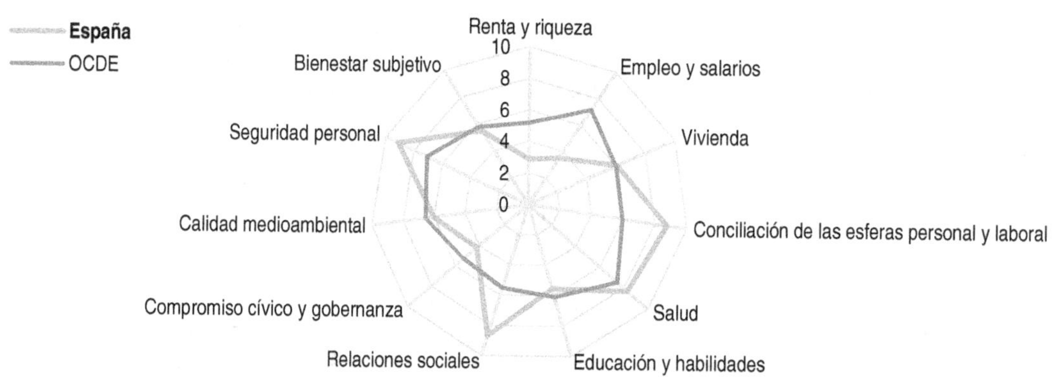

B. Desigualdades de bienestar en España[2]

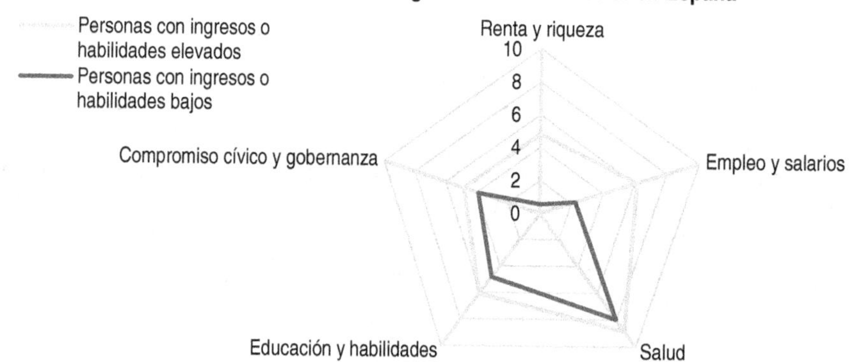

1. Cada una de las dimensiones de bienestar se cuantifica utilizando entre uno y cuatro indicadores del conjunto del Índice para una Vida Mejor de la OCDE. Se calcula el promedio de los indicadores normalizados asignándoles ponderaciones equivalentes. Los indicadores se normalizan para asignarles una puntuación de entre diez (nivel máximo) y cero (nivel mínimo) de acuerdo con la siguiente fórmula: (valor del indicador – valor mínimo)/(valor máximo – valor mínimo) x 10.
2. El panel muestra resultados de bienestar en varias dimensiones para personas españolas con diferentes características socioeconómicas. En las dimensiones de "renta y riqueza", "salud" y "compromiso cívico y gobernanza", los datos hacen referencia a personas cuyos ingresos pertenecen al quintil superior (/inferior) de la distribución de ingresos. En las dimensiones de "empleo y salarios", los datos hacen referencia a personas cuyos logros académicos más altos (/más bajos) (esto es, ISCED 5/6 frente a ISCED 0/1/2) o cuyos ingresos brutos pertenecen al quintil superior (/inferior) de la distribución. En las dimensiones de "educación y habilidades", los datos hacen referencia a personas cuyos resultados pertenecen al quintil superior (/inferior) del índice PISA de condición económica, social y cultural. Los resultados figuran como puntuaciones normalizadas con arreglo a una escala de 0 (condición más baja) a 10 (condición más alta) correspondiente a países de la OCDE, Brasil y la Federación Rusa.

Fuente: OCDE (2016), *Índice para una Vida Mejor de la OCDE, www.oecdbetterlifeindex.org.*

StatLink *http://dx.doi.org/10.1787/888933458823*

La crisis ha dejado cicatrices que menoscaban el bienestar, siendo las más visibles unos niveles todavía muy elevados de desempleo, pobreza y desigualdad. Es fundamental que España consiga incorporar a un mayor número de personas al mercado de trabajo, pero también debe centrarse en la calidad del empleo para asegurarse de que las ventajas del crecimiento se comparten en mayor medida entre la población y para crear mejores oportunidades para las generaciones futuras. El mercado de trabajo se caracteriza por contar con una elevada proporción de trabajadores temporales, fundamentalmente jóvenes y empleados con sueldos bajos. Los jóvenes y los trabajadores con baja cualificación son quienes más sufren el desempleo, al tiempo que existen unos niveles muy elevados de desempleo de larga duración. Estos factores corren el riesgo de afianzar las desigualdades, incidiendo negativamente en el crecimiento futuro y en la cohesión social.

Con este escenario como telón de fondo, los principales mensajes del presente Estudio son los siguientes:

- La recuperación de la economía española se ha afianzado pero para conseguir aumentos adicionales sostenibles en los niveles de vida será necesaria una mejora de las inversiones, habilidades y productividad. Las políticas deben garantizar que los beneficios de la recuperación sean disfrutados por el conjunto de la población y, para ello, debe mantenerse el ritmo de las reformas.

- Los bajos niveles de productividad reflejan en parte la deficiente base de habilidades disponibles entre la población, una dependencia excesiva de los trabajadores temporales, una baja innovación empresarial, una asignación ineficiente de capital a empresas de baja productividad, y unas barreras de entrada elevadas para quienes quieren crear y hacer crecer una empresa.

- La crisis y el elevado desempleo resultante han generado disparidades en materia de pobreza e ingresos. Para conseguir un crecimiento más inclusivo será necesario reducir aún más el desempleo, adoptar políticas más acertadas para reducir la pobreza y mejorar la calidad del empleo a través de una mejor cualificación de los empleados, via uma mejor formación y un mejor encaje entre sus habilidades y sus puestos de trabajo.

Se prevé que la recuperación económica avance a buen ritmo

En 2015, España experimentó un crecimiento muy sólido del PIB del 3,2%, en comparación con el 1,4% registrado en 2014, que se vio respaldado por una política monetaria expansiva, unos precios del petróleo bajos, una mayor relajación de la posición fiscal y la depreciación del euro. La reforma del sector bancario ayudó a la estabilización del sector, contribuyendo al repunte del crecimiento del crédito, al mejorar el acceso de los bancos a la financiación en los mercados y evitando una corrección desordenada y disruptiva de una parte significativa del sector financiero (Recuadro 1). La relajación de la posición fiscal experimentada en 2015-2016 respaldó la demanda.

El consumo se ha mostrado especialmente sólido, impulsado por el aumento de las rentas reales disponibles gracias al incremento del empleo, el descenso de los impuestos, la caída de los precios, el bajo precio del petróleo y la relajación de las condiciones financieras (Figura 2, Panel A y B). La inversión ha repuntado a medida que las condiciones de financiación han ido mejorando y se han reforzado los niveles de confianza (Figura 2, Panel C y D). Si bien la inversión total sigue siendo inferior a los niveles anteriores a la crisis, lo cual se debe fundamentalmente a la importante caída experimentada por la

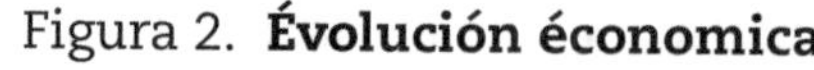

Figura 2. **Évolución économica**

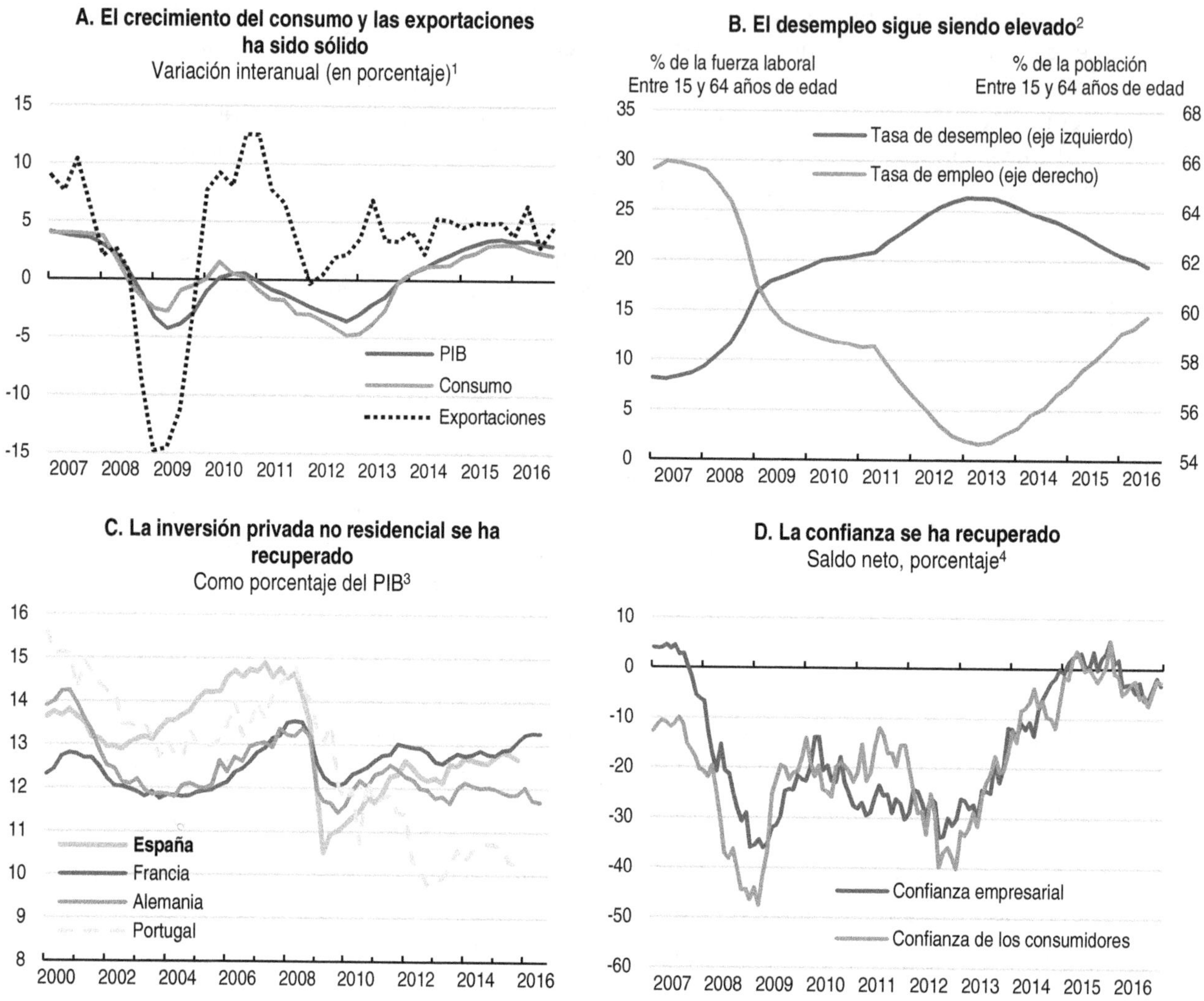

A. El crecimiento del consumo y las exportaciones ha sido sólido
Variación interanual (en porcentaje)[1]

B. El desempleo sigue siendo elevado[2]
% de la fuerza laboral — Entre 15 y 64 años de edad
% de la población — Entre 15 y 64 años de edad

C. La inversión privada no residencial se ha recuperado
Como porcentaje del PIB[3]

D. La confianza se ha recuperado
Saldo neto, porcentaje[4]

1. En términos reales.
2. Los datos hacen referencia a la población comprendida entre 15 y 64 años de edad.
3. Los datos hacen referencia al total de las inversiones menos la inversión pública y la inversión en vivienda. Dado que los datos para la inversión en vivienda en España y Portugal también pueden incluir las inversiones públicas en vivienda, la serie correspondiente a inversión privada no residencial puede estar infravalorada.
4. Saldo neto de respuestas a las encuestas realizadas, con valores comprendidos entre -100% (desfavorable) y +100% (favorable). La confianza empresarial se calcula como el promedio no ponderado de los indicadores de confianza para los sectores fabricación, construcción, comercio minorista y servicios (excluido el comercio minorista).

Fuente: OCDE (2017), *OECD Economic Outlook: base de datos de estadísticas y proyecciones*, febrero; OCDE (2017), *OECD Employment and Labour Market Statistics* (base de datos), febrero; y OCDE (2017) *Main Economic Indicators* (base de datos), febrero.

StatLink ⟨⟩ http://dx.doi.org/10.1787/888933458830

inversión en construcción y, en menor medida, al descenso de la inversión pública (Figura 3). Por otro lado, la inversión en equipamiento se ha mostrado muy dinámica en los últimos años y se encuentra muy cerca de los niveles anteriores a la crisis. Las exportaciones se están beneficiando de la mejora de la competitividad internacional.

El mercado de trabajo se ha visto gravemente afectado durante la crisis pero se va recuperando gradualmente. La tasa de empleo aumenta en torno a un 3% al año. La tasa de desempleo ha descendido de manera significativa desde los niveles máximos del 26% registrados en 2013, pero se mantiene en cotas elevadas cercanas al 19%; el nivel de

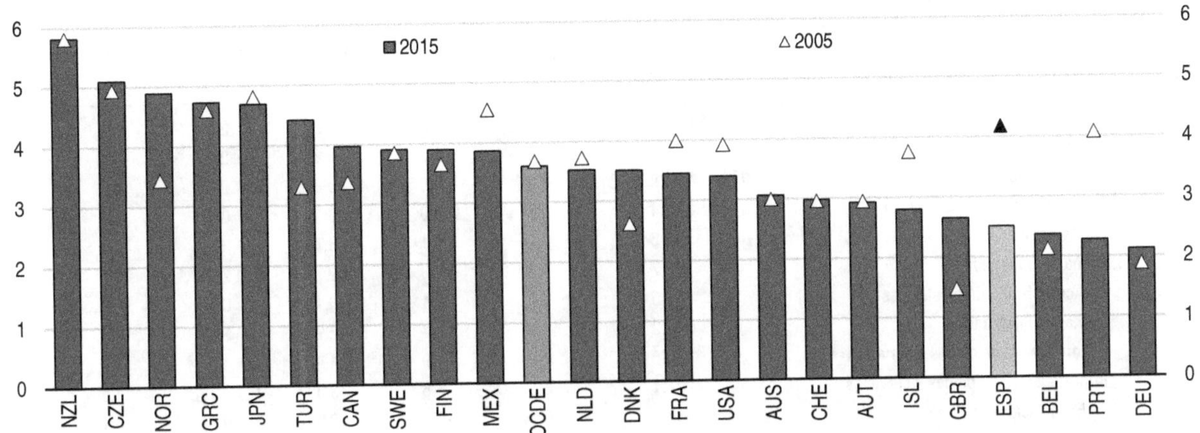

Figura 3. **La inversión pública es baja**

Formación bruta de capital fijo del Gobierno, como porcentaje del PIB, 2015[1]

1. El total de la OCDE se calcula como un promedio no ponderado de los datos que se muestran.

Fuente: OCDE (2016), *OECD Economic Outlook: base de datos de estadísticas y proyecciones*, diciembre.

StatLink 🔢 *http://dx.doi.org/10.1787/888933458844*

desempleo juvenil duplica esta tasa (42,7%). El desempleo de larga duración también ha descendido con fuerza desde sus niveles máximos de 2014, pero sigue estando en cotas elevadas. El persistente desempleo puede erosionar las habilidades de los desempleados y aumentar su alienación social. El mercado de trabajo se caracteriza por contar con una elevada proporción de trabajadores temporales (25,7% en 2015); el trabajo a tiempo parcial aumentó durante la crisis y actualmente se sitúa en el 15,2%, y más de la mitad de dicho porcentaje son trabajadores parciales involuntarios. Los trabajadores temporales y a tiempo parcial atraviesan periodos de desempleo y de subempleo, lo cual reduce sus ingresos e incrementa la pobreza (OCDE, 2015b).

Se espera que el crecimiento económico alcance el 3,2% en 2016 y posteriormente avance a un ritmo anual superior al 2% en 2017 y 2018 (Tabla 1). La demanda interna seguirá liderando la recuperación. Está previsto que el consumo privado mantenga su firmeza gracias a la continua mejora del empleo, a medida que las reformas aplicadas en años anteriores continúen dando sus frutos. El mantenimiento de unas condiciones de financiación favorables ampliará el incipiente repute de la inversión empresarial y en vivienda. La inflación aumentará pero las presiones deberían ser moderadas debido a un desempleo elevado. Se prevé que el crecimiento descienda ligeramente en 2017 y 2018 a medida que se ralentice el ritmo de crecimiento de la demanda interna y se aminoren algunos factores que han contribuido a impulsar el consumo, como los bajos precios del petróleo y el descenso de los impuestos. Se espera que el crecimiento de las exportaciones se modere por la debilidad de la demanda en los mercados de exportación y un anémico comercio mundial.

Existen riesgos procedentes tanto de factores internos como externos. En el ámbito interno, puede que el Gobierno actual en minoría tenga dificultades para legislar reformas adicionales de calado necesarias para impulsar el crecimiento de manera sostenible. La ralentización del crecimiento del comercio mundial (Haugh et al. 2016) podría minar aún más las exportaciones, las cuales han sido un motor importante de la recuperación económica, especialmente si se erosionara la competitividad internacional española. En caso de que volvieran a vivirse turbulencias en los mercados financieros internacionales,

Tabla 1. **Previsiones e indicadores macroeconómicos**
Variación anual porcentual, volumen (precios de 2010)

	2013 Prix courants (milliards EUR)	2014	2015	2016	2017	2018
Producto interior bruto (PIB)	1 025.6	1.4	3.2	3.2	2.5	2.2
Consumo privado	598.5	1.6	2.9	3.2	2.2	1.6
Consumo Gobierno	201.8	-0.3	2.0	0.8	0.9	1.2
Formación bruta de capital fijo	192.4	3.8	6.0	3.1	3.6	4.7
Vivienda	42.5	6.2	3.1	3.7	3.7	2.9
Demanda interna final	992.7	1.6	3.3	2.7	2.2	2.2
Acumulación de existencias[1]	-0.5	0.3	0.1	0.1	0.1	0.0
Demanda interna total	992.2	1.9	3.4	2.9	2.3	2.2
Exportaciones de bienes y servicios	330.5	4.2	4.9	4.4	4.3	4.4
Importaciones de bienes y servicios	297.1	6.5	5.6	3.3	3.7	4.5
Exportaciones netas[1]	33.4	-0.5	-0.1	0.5	0.3	0.1
Otros indicadores (tasas de crecimiento, salvo especificación en contrario)						
PIB potencial	..	0.4	0.5	0.6	0.7	0.8
Brecha de producto[2]	..	-10.0	-7.6	-5.1	-3.4	-2.1
Empleo	..	1.2	3.0	2.7	2.4	1.9
Tasa de desempleo	..	24.4	22.1	19.6	17.5	16.1
Deflactor del PIB	..	-0.3	0.5	0.3	1.3	1.4
Índice de precios al consumo (armonizado)	..	-0.2	-0.6	-0.3	1.9	1.8
Índice subyacente de precios al consumo (armonizado)	..	-0.1	0.3	0.7	1.1	1.5
Coeficiente de ahorro de los hogares, neto[3]	..	3.2	2.3	2.0	2.0	2.1
Saldo de cuenta corriente[4]	..	1.1	1.4	2.1	2.2	2.2
Saldo fiscal del Gobierno general[4]	..	-6.0	-5.1	-4.6	-3.4	-2.8
Saldo estructural fiscal del Gobierno general[2]	..	0.6	-0.1	-1.2	-1.2	-1.5
Saldo estructural fiscal primario de las administraciones públicas[2]	..	3.3	2.4	1.1	0.8	0.3
Deuda bruta del Gobierno general (Maastricht)[4]	..	100.4	99.8	99.3	99.6	99.4
Deuda neta del Gobierno general[4]	..	82.3	82.0	83.8	84.2	83.9
Tasa del mercado monetario a tres meses, promedio	..	0.2	0.0	-0.3	-0.3	-0.3
Rentabilidad de la deuda pública a diez años, promedio	..	2.7	1.7	1.4	1.0	1.0

1. Aportación a las variaciones del PIB real.
2. En porcentaje del PIB potencial. Basado en estimaciones de la OCDE de las elasticidades cíclicas de los impuestos y los ingresos.
3. En porcentaje de la renta disponible de los hogares.
4. En porcentaje del PIB.

Fuente: OCDE (2017), *OECD Economic Outlook: base de datos de estadísticas y proyecciones*, marzo, proyecciones revisadas el 3 de marzo 2017.

estas podrían minar la confianza del sector privado e incrementar el coste de la deuda pública. Se estima que la exposición de España frente al denominado "Brexit" (la salida del Reino Unido de la UE es moderada (OCDE, 2016b). El incremento de la demanda procedente de Europa, que es el principal destino exportador de España, podría impulsar el crecimiento más de lo previsto, al igual que un aumento de la inversión en el sector de la construcción, que hasta ahora ha sido moderado tras el hundimiento del mercado de la vivienda. Las perspectivas económicas también están sujetas a incertidumbres a medio plazo, cuyas probabilidades y consecuencias son difíciles de cuantificar en lo que se refiere a los riesgos para las proyecciones macroeconómicas (Recuadro 2).

Recuadro 2. **Incertidumbres a medio plazo para las perspectivas de crecimiento de la economía española**

Incertidumbre	Resultado posible
Enfrentamientos comerciales a escala mundial y salida desordenada de la Unión Europea por parte del Reino Unido.	Afectan al crecimiento de las exportaciones españolas, a la inversión extranjera y a la confianza.
Deterioro de la salud financiera del sistema bancario europeo.	Un deterioro de la salud financiera de los bancos en algunos países europeos podría generar una reacción en cadena en el resto de países europeos y también fuera de la UE, provocando turbulencias financieras y una subida de los tipos de interés tanto en el sector público como en el empresarial.

Las vulnerabilidades macrofinancieras han descendido desde 2007 (Figura 4). El sector bancario ha adquirido una mayor solidez y ha descendido el endeudamiento en el sector privado (Figura 5, Panel A). No obstante, España afronta una elevada deuda pública y exterior (Figura 5, Panel B y C). En particular, el saldo neto negativo de la posición de inversión internacional de España se sitúa en valores cercanos al 90% del PIB, una cota

Figura 4. **Evolución de vulnerabilidades macrofinancieras desde 2007**

Desviaciones de indicadores con respecto a sus promedios a largo plazo en tiempo real (0), en las que las mayores desviaciones representan la mayor vulnerabilidad potencial (+1) y las menores desviaciones representan la menor vulnerabilidad potencial (-1)[1]

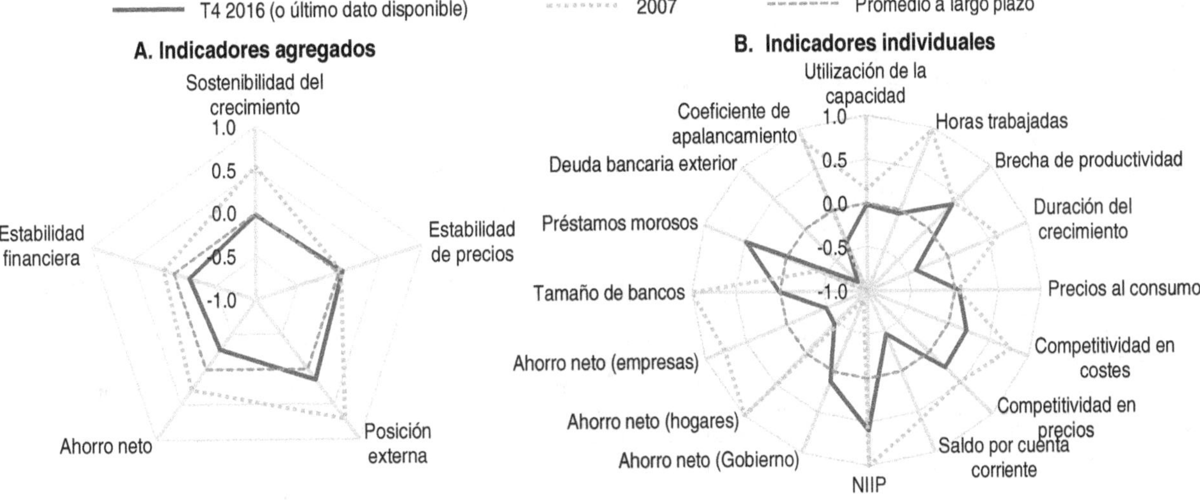

1. Cada indicador agregado de vulnerabilidad macrofinanciera se calcula agregando (promedio simple) indicadores individuales normalizados. La sostenibilidad del crecimiento incluye: utilización de la capacidad en el sector manufacturero, horas totales trabajadas en proporción a la población en edad de trabajar (horas trabajadas), diferencia entre el crecimiento del PIB y el crecimiento de la productividad (brecha de productividad), y un indicador que combina la duración y fortaleza de la expansión con respecto a la depresión anterior (duración del crecimiento). La estabilidad de precios incluye inflación medida por el IPC e inflación subyacente (precios al consumo), y se calcula a través de la siguiente fórmula: valor absoluto de (inflación subyacente menos meta de inflación) + (inflación medida por el IPC menos inflación subyacente). La posición externa incluye: el promedio del tipo de cambio real efectivo (TCRE) basado en los costes laborales unitarios, y el TCRE basado en los precios al consumo (competitividad en costes), precios relativos de bienes y servicios exportados (competitividad en precios), saldo por cuenta corriente como porcentaje del PIB y saldo neto de la posición de inversión internacional (NIIP) como porcentaje del PIB. El ahorro neto incluye: el ahorro neto del Gobierno, de los hogares y de las empresas, todo ello expresado como porcentaje del PIB. La estabilidad financiera incluye: tamaño de los bancos como porcentaje del PIB, la proporción de préstamos morosos con respecto al total de los préstamos, la deuda bancaria exterior como porcentaje del total de pasivos bancarios, y capital y reservas como proporción de pasivos totales (coeficiente de apalancamiento).

Fuente: Cálculos de la OCDE basados en OCDE (2017), *OECD Economic Outlook: base de datos de estadísticas y proyecciones*, febrero; OCDE (2017), *Main Economic Indicators* (base de datos), febrero; OCDE (2017), *OCDE, National Accounts Statistics* (base de datos), febrero; Banco de España (2017), "Boletín Estadístico, 01/2017", enero; y Thomson Reuters Datastream.

StatLink *http://dx.doi.org/10.1787/888933458856*

Figura 5. **Vulnerabilidades macroeconómicas y financieras**

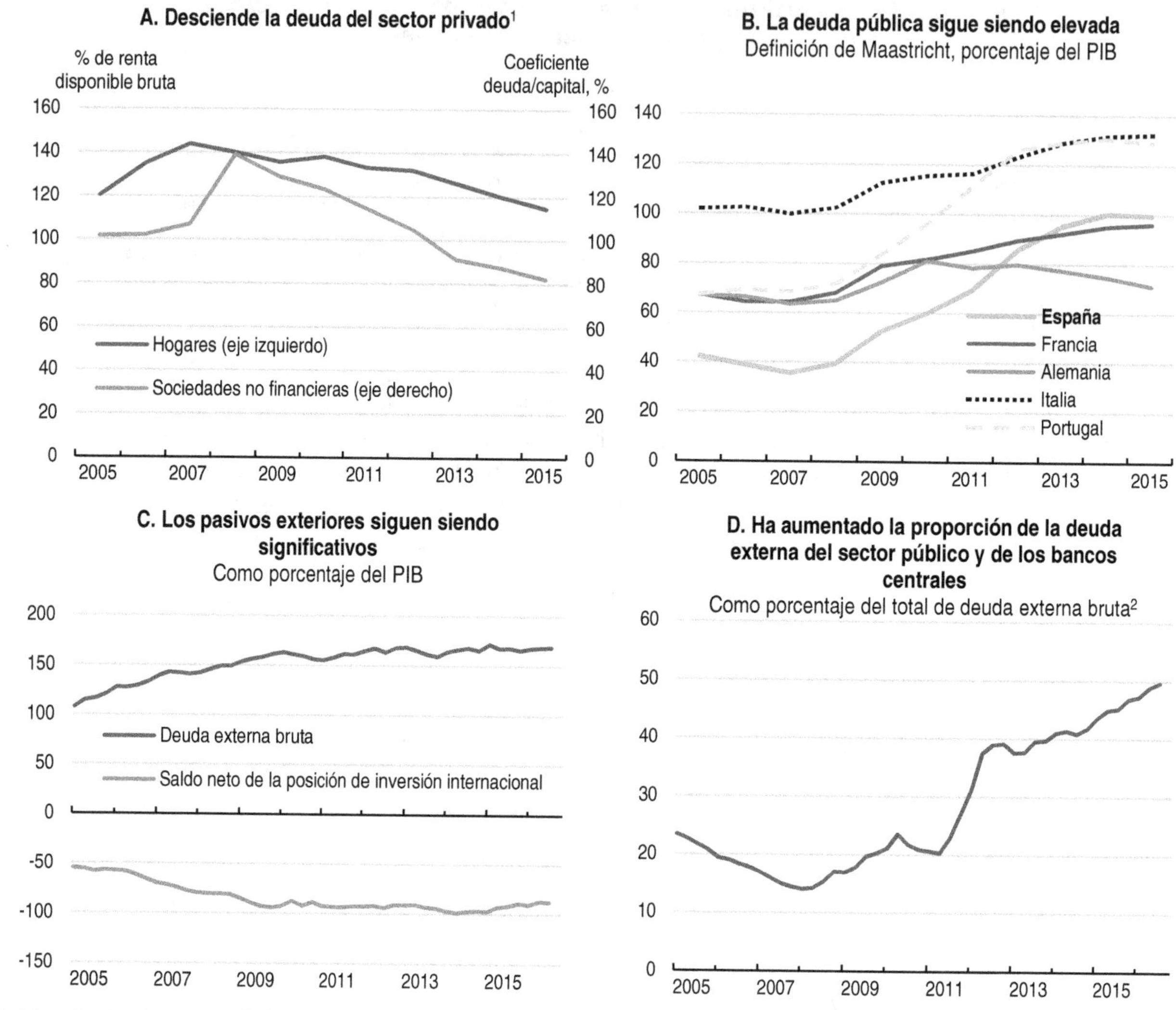

1. El endeudamiento se calcula como la suma de las siguientes categorías de pasivos, en los casos en que se disponga de ellas y corresponda: efectivo y depósitos, títulos que no sean acciones (excepto derivados financieros), préstamos, reservas técnicas de seguro y otras cuentas pendientes de pago. Los hogares incluyen instituciones sin fines de lucro al servicio de los hogares.
2. El endeudamiento del sector público hace referencia a la deuda del Gobierno general.
Fuente: OCDE (2017), "Financial Dashboard", *OCDE, National Accounts Statistics* (base de datos), febrero; OCDE (2017), *OECD Economic Outlook: base de datos de estadísticas y proyecciones*, febrero; y Banco de España (2017), "Boletín Estadístico, 01/2017", enero.

StatLink ᵐˢ᷎ *http://dx.doi.org/10.1787/888933458861*

elevada desde un punto de vista histórico e internacional (Banco de España, 2016a). El grueso de los pasivos exteriores son la deuda pública y el endeudamiento del banco central, pero los riesgos se mitigan dado que la deuda pública es principalmente de vencimiento a largo plazo (Figura 5, Panel D).

La mejora del saldo por cuenta corriente experimentada en los últimos años es en parte estructural, y se debe a la mejora de la competitividad, al aumento de la internacionalización de las empresas españolas y a una mayor diversificación geográfica de las exportaciones (Figura 6), pero también se debe a factores temporales, como es el caso de la caída de la demanda interna durante la recesión, sobre todo por el descenso de la inversión y de los precios del petróleo (Banco de España, 2016a; Comisión Europea, 2016a). Asimismo, se ha producido una reducción – aunque ha sido moderada – en el saldo neto de

20

Figura 6. **Evolución exterior**

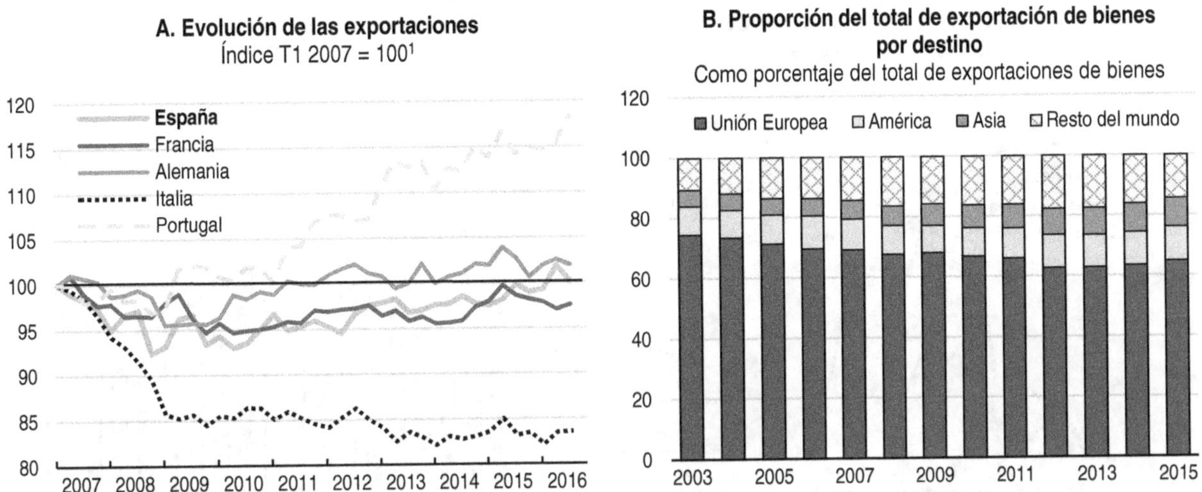

1. La evolución de las exportaciones se corresponde con la relación entre el volumen de exportación a los mercados de exportación y el total de bienes y servicios.

Fuente: OCDE (2017), *OECD Economic Outlook: base de datos de estadísticas y proyecciones,* febrero; e INE (2017), "Main foreign trade results", *INEbase,* Instituto Nacional de Estadística (INE), enero.

StatLink *http://dx.doi.org/10.1787/888933458874*

la posición de deuda internacional como proporción del PIB, debido al incremento del precio de mercado de los pasivos exteriores. Será necesario que se produzca un periodo prolongado de superávits por cuenta corriente significativos para situar la deuda externa en una senda firmemente decreciente. Este ajuste dependerá de las mejoras sostenidas de la competitividad que se deriven de un mayor crecimiento de la productividad, de la innovación y de la captación de mayor inversión extranjera directa.

Impulsar el sector financiero para aumentar el crecimiento del crédito

El sistema bancario se ha fortalecido, pero sigue habiendo desafíos

La importante reestructuración y la recuperación económica han fortalecido de manera significativa el sistema bancario. Durante las pruebas de resistencia realizadas por la Autoridad Bancaria Europea (EBA) en julio de 2016, los seis principales grupos bancarios españoles cumplieron cómodamente los requisitos de capital. Las permutas de incumplimiento crediticio (CDS) han descendido con fuerza desde niveles máximos históricos, pero se sitúan por encima de los CDS de Francia y ligeramente superiores a los de Alemania; los coeficientes de capital han aumentado también, pero siguen situándose por debajo del promedio de la OCDE; y la rentabilidad es baja, como en el resto de países de la zona del euro (Figura 7, Panel A, B y C). Los coeficientes de costes sobre ingresos son bajos y han descendido tras los recortes de infraestructura y de personal (Figura 7, Panel D), pero sigue habiendo margen para una cierta consolidación que respalde la rentabilidad: los bancos españoles siguen teniendo un elevado número de sucursales (Figura 8).

La tasa de morosidad ha ido descendiendo en proporción al total de préstamos (Figura 9, Panel A), pero sigue siendo ligeramente superior al promedio de la OCDE. La tasa de morosidad neta de provisiones asciende al 30% del capital de los bancos (Figura 9, Panel B) situándose por encima del promedio de la OCDE. Los bienes adjudicados en pago de créditos, procedentes sobre todo del sector de la construcción como resultado de la crisis, siguen lastrando los balances de los bancos y han descendido ligeramente desde 2012 (Banco de España, 2016b). El Gobierno y el Banco de España han implantado

Figura 7. **Los indicadores del sector bancario siguen siendo inferiores a la media**

A. Permutas de riesgo crediticio (CDS)
Sector bancario, puntos básicos[1]

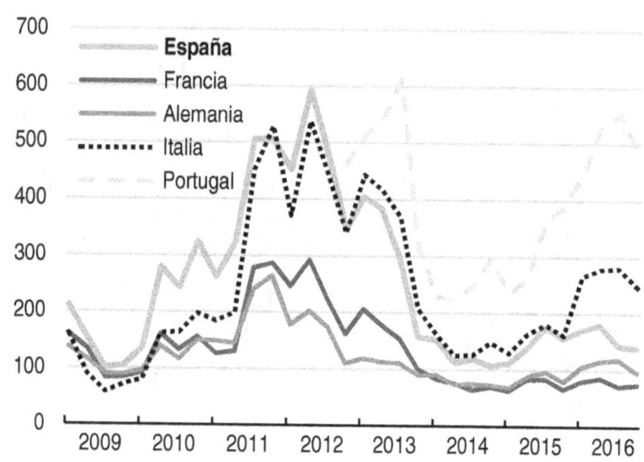

B. Aumentan los coeficientes de capital pero siguen siendo bajos
Capital regulatorio de nivel 1 sobre activos ponderados por riesgo, porcentaje[2]

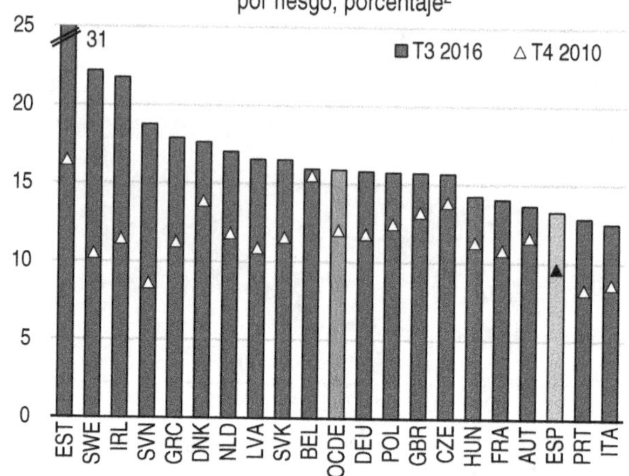

C. Rentabilidad: retorno sobre el patrimonio
Porcentaje, T3 2016

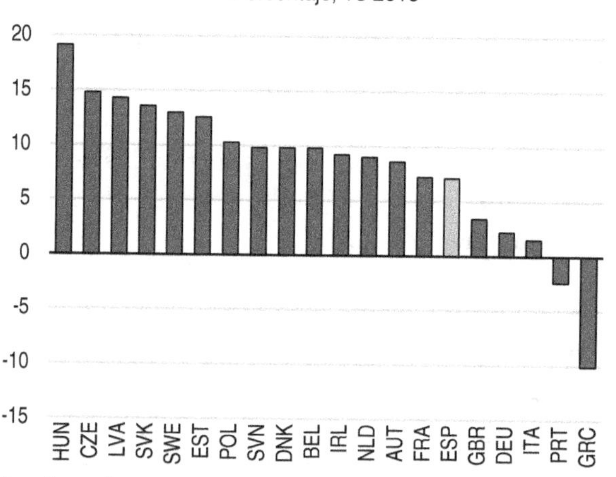

D. Eficiencia: coste/ingresos
Porcentaje[3]

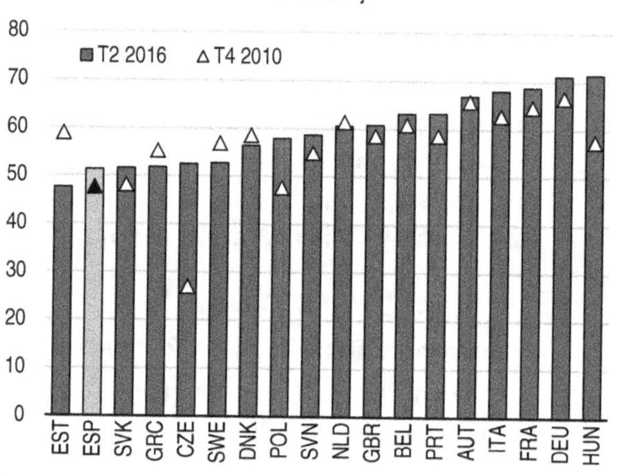

1. Deuda preferente a cinco años (diferenciales medios) entre la entidad y la correspondiente curva de referencia; datos del cierre de trimestre. En el caso de España, la serie muestra el promedio de tres bancos - Banco Popular Español, Banco Santander y BBVA; para el resto de países, el número de bancos utilizados en el cálculo depende de los datos disponibles.
2. Se ha utilizado el segundo trimestre de 2016 en lugar del tercero trimestre de 2016 en el caso de Francia, Grecia, Italia y el Reino Unido. El total de la OCDE corresponde a un promedio no ponderado de los últimos datos disponibles para 33 países de la OCDE.
3. Los datos hacen referencia a grupos bancarios nacionales y a bancos independientes.
Fuente: Thomson Reuters Datastream; FMI (2017), *Base de datos de indicadores de solidez financiera*, Fondo Monetario Internacional, febrero; EBA (2017), "Risk Dashboard: Data as of Q3 2016", Autoridad Bancaria Europea, enero; y BCE (2017), "Supervisory and prudential statistics: Consolidated banking data", *Statistical Data Warehouse*, Banco Central Europeo, febrero.

StatLink *http://dx.doi.org/10.1787/888933458883*

una serie de medidas para reducir los activos improductivos en los balances de los bancos, incluido el traspaso de préstamos morosos a una sociedad de gestión de activos (OCDE, 2014a y Recuadro 1). Asimismo, se han incrementado los requisitos de dotación de provisiones, imponiendo criterios más estrictos con respecto a la tolerancia de los bancos y reformando el marco de insolvencia. Las reformas realizadas en 2014 y 2015 para facilitar la reestructuración de la deuda de las empresas y los hogares (véase más adelante) deberían contribuir a reducir aún más estos activos improductivos a medio plazo. Es probable que la tasa de morosidad siga descendiendo, pero en caso de no ser así, puede que deban adoptarse medidas adicionales para reforzar los balances de los bancos.

Figura 8. **Hay margen para reducir los gastos de explotación del sistema bancario español**

Número de sucursales de bancos comerciales por cada 100.000 adultos, 2015[1]

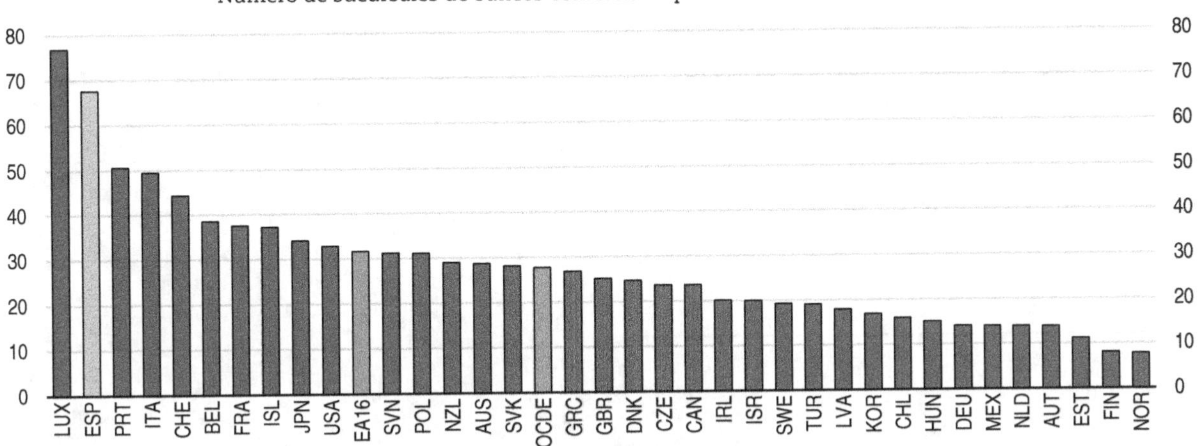

1. 2013 en el caso del Reino Unido. Los valores agregados de la zona del euro (EA16) hacen referencia a los países de la zona del euro que también son miembros de la OCDE y se calculan como un promedio no ponderado. El total de la OCDE se calcula como un promedio no ponderado de los datos que se muestran.

Fuente: Banco Mundial (2017), *Indicadores de Desarrollo Mundial* (base de datos), febrero.

StatLink *http://dx.doi.org/10.1787/888933458898*

Figura 9. **Desciende la tasa de morosidad, pero sigue siendo alta**

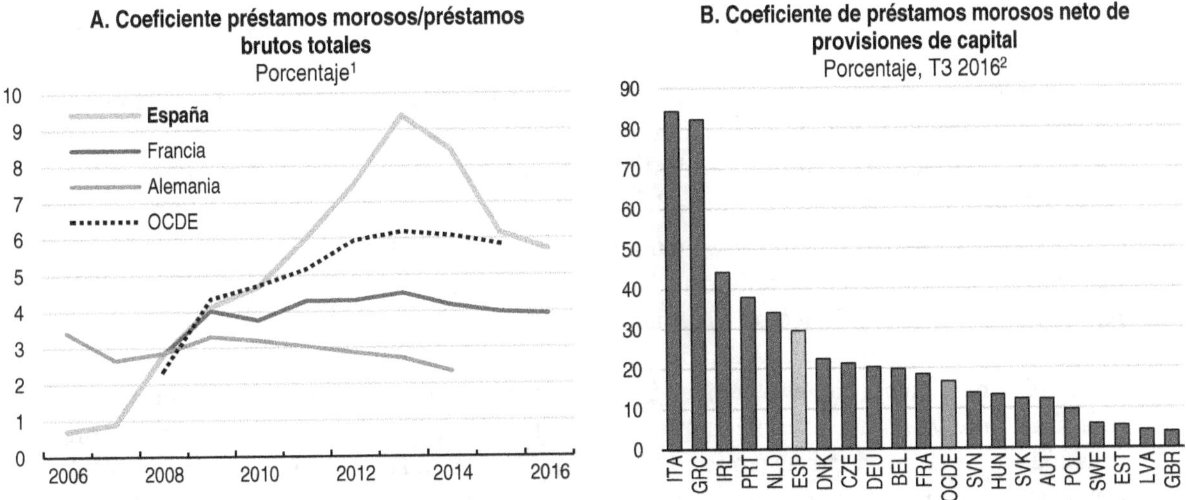

1. Los datos para 2016 se refieren a T3 2016 para España y T2 2016 para Francia. Dado que el total de la OCDE se corresponde con un promedio no ponderado de los datos disponibles en cada dato, los países incluidos en el total de la OCDE pueden variar con el tiempo.
2. Segundo trimestre de 2016 en el caso de Francia, Grecia, Italia y el Reino Unido. 2014 en el caso de Alemania. El total de la OCDE corresponde a un promedio no ponderado de los últimos datos disponibles para 33 países de la OCDE.

Fuente: FMI (2017), *Base de datos de indicadores de solidez financiera*, Fondo Monetario Internacional, febrero.

StatLink *http://dx.doi.org/10.1787/888933458901*

El crecimiento del crédito sigue siendo débil

El crédito al sector privado nacional disminuyó de manera significativa durante la crisis y siguió descendiendo durante la recuperación, pero se esta recuperando (Figura 10, Panel A). Los tipos de interés aplicados a todas las categorías de préstamos también han descendido (Figura 10, Panel B). Los flujos brutos de crédito han mostrado tasas de crecimiento positivas en la mayoría de los segmentos desde principios de 2014. Una excepción a esta tendencia son los préstamos nuevos a grandes empresas, que han

Figura 10. Los flujos de crédito se han estabilizado y descienden los tipos de interés

Préstamos a sociedades no financieras

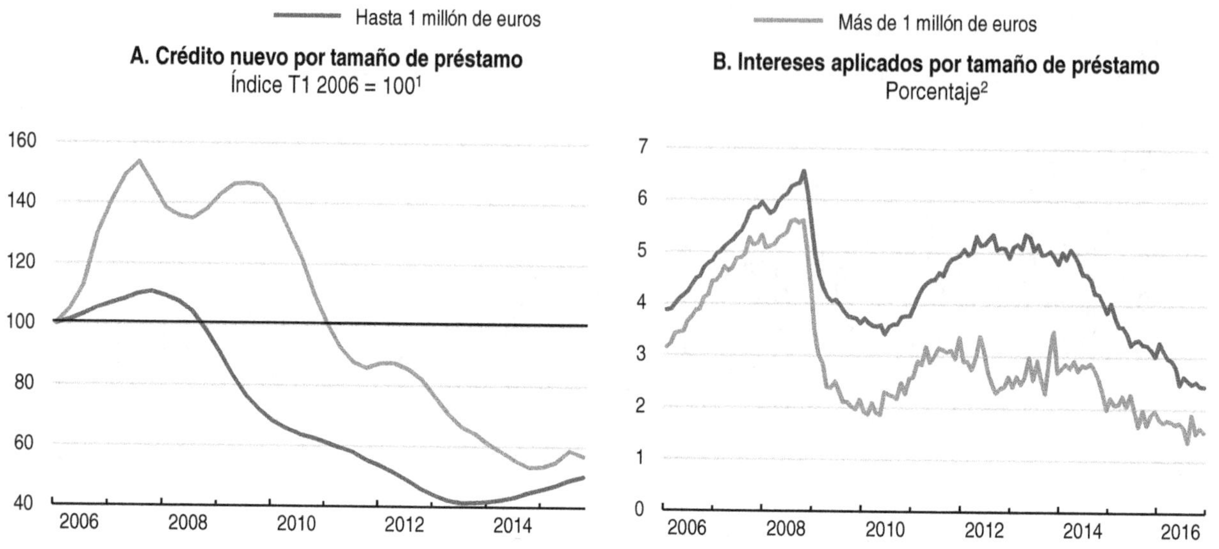

——— Hasta 1 millón de euros   ——— Más de 1 millón de euros

A. Crédito nuevo por tamaño de préstamo
Índice T1 2006 = 100[1]

B. Intereses aplicados por tamaño de préstamo
Porcentaje[2]

1. Los resultados trimestrales se calculan como media móvil de 12 meses de los datos mensuales.
2. Los datos hacen referencia a nuevos préstamos empresariales distintos de préstamos renovables y descubiertos, saldos de tarjetas de crédito de pago único contado y de pago aplazado.

Fuente: Banco de España; y BCE (2017), "Financial markets and interest rates: Bank interest rates", *Statistical Data Warehouse*, Banco Central Europeo, febrero.

StatLink *http://dx.doi.org/10.1787/888933458918*

descendido recientemente. Esto refleja que las grandes empresas dependen actualmente en mayor medida de la financiación del mercado de capitales, gracias a que el coste de la deuda de mercado ha disminuido de forma más importante que el coste del crédito bancario, debido en parte al programa de compra de activos del Banco Central Europeo.

Si bien el acceso a la financiación para pymes se ha flexibilizado de manera significativa desde 2013, tanto en lo que se refiere a costes como a disponibilidad de fondos, tal y como se refleja en las encuestas de acceso a la financiación por parte de las empresas (BCE, 2016a), la concesión de préstamos nuevos para pymes sigue situándose muy por debajo de los promedios históricos. Las evidencias recogidas por el Banco de España sugieren que la financiación fluye en mayor medida que antes de la crisis hacia empresas financieramente más sólidas y más productivas (Banco de España, 2015; Banco Europeo de Inversiones, 2016). Consideramos que se trata de un avance positivo. Para reforzar la productividad en el futuro, la financiación debe fluir hacia empresas de más reciente creación, innovadoras y de rápido crecimiento que a menudo afrontan dificultades adicionales a la hora de acceder a la financiación debido a su falta de avales o de historial crediticio.

La Ley de Fomento de la Financiación Empresarial aprobada en 2015 aspira a mejorar el acceso al crédito bancario para las pymes así como a desarrollar alternativas a la financiación bancaria. En lo que respecta a la financiación bancaria, esta ley trata de reforzar la situación de las pymes con respecto a los bancos y mejorar el régimen de los fondos de garantías recíprocas. Para mitigar las asimetrías de información, a partir de ahora los bancos tendrán que notificar a las pymes con un mínimo de tres meses de antelación si se va a cancelar o a reducir significativamente sus línea de crédito, así como proporcionar una evaluación de la situación financiera de la pyme y de su solvencia para facilitar su búsqueda de fuentes alternativas de financiación. Las pymes también tienen derecho a solicitar un análisis crediticio a sus entidades prestatarias. Asimismo, la ley tiene el objetivo de mejorar el acceso a los mercados de capitales, principalmente al mercado alternativo bursátil (MAB) y al mercado alternativo de renta fija (MARF), lo cual nos parece un avance positivo. Otras medidas para ampliar la función de los mercados de capitales y ayudar a estos últimos y a los mercados bancarios a trabajar conjuntamente, según se describe más adelante, podrían contribuir además a mejorar el flujo del crédito a las empresas, con independencia de su tamaño o de la fase de desarrollo en la que se encuentren.

El acceso de las pymes a la financiación se vería mejorado aún más si se facilitara el análisis de su solvencia. En el contexto de la Ley de Fomento de la Financiación Empresarial, el Banco de España ha elaborado un análisis crediticio estandarizado para pymes, conforme a lo recomendado en el Estudio Económico de la OCDE de 2014, que los bancos comerciales están obligados a utilizar al efectuar su evaluación de la situación financiera y de solvencia de las pymes. Asimismo, las pymes tienen derecho a exigir que se les proporcione esta evaluación. Los bancos comerciales deberían de estar obligados a publicar de manera destacada que las pymes tienen derecho a exigir dicha evaluación. Estas medidas harán posible que las pymes puedan tener acceso y aportar información relevante y estandarizada sobre su situación de crédito a prestamistas alternativos, reduciendo las asimetrías de la información y facilitando su acceso a fuentes alternativas de financiación.

Política fiscal

Gestionar el limitado margen fiscal

España ha realizado un esfuerzo considerable para reducir el déficit público desde 2012, cuando alcanzó niveles máximos situándose en el 10,5% del PIB, incluida la asistencia financiera recibida. Estos esfuerzos han generado unos avances significativos. Se prevé que el déficit presupuestario descienda al 4,6% del PIB en 2016 comparado con el 5,1% registrado en 2015. La reducción del déficit se ha visto motivada por el dinamismo del crecimiento y por determinadas medidas de consolidación, incluidos recortes en el gasto tanto por el Gobierno central como en las comunidades autónomas, así como por las recientes modificaciones en el impuesto sobre sociedades para compensar la caída de los ingresos. Según los planes actuales del Gobierno, el déficit fiscal se reducirá a niveles inferiores al 3% para el año 2018 (Tabla 2). La senda presupuestaria aportará un moderado apoyo en 2017 y en 2018 y la deuda se estabilizará en torno al 100% para finales de 2018. Si bien se necesita una mayor demanda para aumentar aún más el crecimiento y reducir el desempleo de manera significativa, los elevados niveles de deuda y déficit limitan el margen adicional de expansión fiscal.

La gestión fiscal prudente debe combinarse con reformas de la estructura tributaria que contribuyen a aumentar el crecimiento a largo plazo. Existe margen para mejorar la estructura tributaria, dado que sigue estando orientada hacia los ingresos laborales, lo cual penaliza el crecimiento y el empleo, tal y como se indica más adelante. Asimismo, sería bienvenida una mayor eficiencia en el gasto, en línea con los compromisos recientemente anunciados por el Gobierno. La Autoridad Independiente de Responsabilidad Fiscal llevará a cabo una revisión del gasto público general en 2017. Además, la implantación de un nuevo programa de reformas de las administraciones públicas generaría unos ahorros de en torno a 900 millones de euros durante el período 2017-2019. Estas medidas podrían ayudar a financiar las necesidades de gasto actuales, tales como programas para combatir de manera efectiva el desempleo juvenil y de larga duración.

Tabla 2. **Indicadores fiscales**
Como porcentaje del PIB

	2013	2014	2015	2016[1]	2017[1]	2018[1]
Ingresos y gastos						
Total de ingresos	38.6	38.9	38.6	38.4	38.4	37.9
Total de gastos	45.6	44.9	43.8	43.0	41.8	40.6
Pagos de intereses netos	2.9	3.0	2.7	2.4	2.1	1.8
Equilibrio presupuestario						
Saldo fiscal	-7.0	-6.0	-5.1	-4.6	-3.4	-2.8
Saldo fiscal primario	-4.1	-3.0	-2.4	-2.2	-1.4	-1.0
Saldo fiscal ajustado por el ciclo[2]	0.4	0.8	-0.1	-1.2	-1.2	-1.5
Saldo estructural fiscal[2]	0.7	0.6	-0.1	-1.2	-1.2	-1.5
Saldo estructural fiscal primario[2]	3.3	3.3	2.4	1.1	0.8	0.3
Deuda pública						
Deuda bruta (definición de Maastricht)	95.4	100.4	99.8	99.3	99.6	99.4
Deuda neta	69.7	82.3	82.0	83.8	84.2	83.9

1. Proyecciones.
2. En porcentaje del PIB potencial. Los saldos subyacentes se ajustan para reflejar el ciclo y factores puntuales. Para más información, véase "OECD Economic Outlook Sources and Methods".
Fuente: OCDE (2017), *OECD Economic Outlook: base de datos de estadísticas y proyecciones*, marzo, proyecciones revisadas el 3 de marzo 2017.

Tabla 3. **Recomendaciones anteriores de la OCDE sobre política fiscal**

Recomendaciones del Estudio Económico 2014	Medidas adoptadas desde 2014
Tal y como se concreta en el plan fiscal a medio plazo del Gobierno, regresar al equilibrio presupuestario ajustado por el ciclo en 2017.	A pesar de algunas desviaciones con respecto a los objetivos, España ha conseguido avances significativos en la reducción del déficit público desde 2012.
Redistribuir la carga impositiva desde el trabajo hacia la imposición indirecta, reduciendo las contribuciones empresariales a la seguridad social para los trabajadores con menor cualificación, aumentando los impuestos medioambientales y sobre bienes inmuebles, y reduciendo las exenciones en el impuesto sobre el valor añadido, el impuesto sobre sociedades y el impuesto sobre la renta.	Entre febrero de 2015 y agosto de 2016, se redujeron las contribuciones a la seguridad social para las empresas, al eximir durante dos años los primeros 500 euros del salario de los trabajadores contratados con contratos indefinidos de nueva creación. La reforma fiscal de 2014 ha reducido la cuña fiscal y la carga impositiva sobre el trabajo. En 2015 se restringieron las deducciones de las contribuciones a planes de pensiones personales. En diciembre de 2016 se introdujeron una serie de medidas para ampliar la base impositiva del impuesto sobre sociedades.
Ampliar la base impositiva del impuesto sobre sociedades, reducir el tipo y eliminar los regímenes especiales para pequeñas y medianas empresas.	El tipo general del impuesto sobre sociedades se redujo al 25% en 2016 desde el 28% en 2015 y desde el 30% en 2014. Se ha eliminado el régimen especial para pymes. Se han adoptado algunas medidas para ampliar la base impositiva del impuesto sobre sociedades.

El nuevo Gobierno debe ajustarse a sus objetivos fiscales a medio plazo para conseguir una reducción progresiva de la deuda. Según los planes actuales del Gobierno, que asume un crecimiento del PIB nominal a medio plazo del 3% al año de 2018 en adelante y un superávit primario del 0,9% del PIB para 2022, se prevé que la deuda pública descienda muy lentamente hasta el 94% del PIB para 2030 (referencia en Figura 11). En un escenario positivo de mayor crecimiento, el coeficiente de deuda descendería aún más hasta el 79% del PIB. Sin embargo, el descenso de la deuda púbica no se materializaría y la deuda podría alcanzar cotas cercanas al 110% para el año 2030 (Figura 11) en un escenario adverso alternativo en el que los tipos de interés fueran un punto porcentual superiores a los asumidos en la referencia. Tal y como se ha indicado anteriormente, en caso de que volvieran a producirse turbulencias en los mercados financieros internacionales, estas podrían minar la confianza del sector privado pudiendo incrementar el coste de la deuda pública.

Figura 11. **Sendas ilustrativas de la deuda pública**

Deuda del Gobierno general, definición de Maastricht, porcentaje del PIB[1]

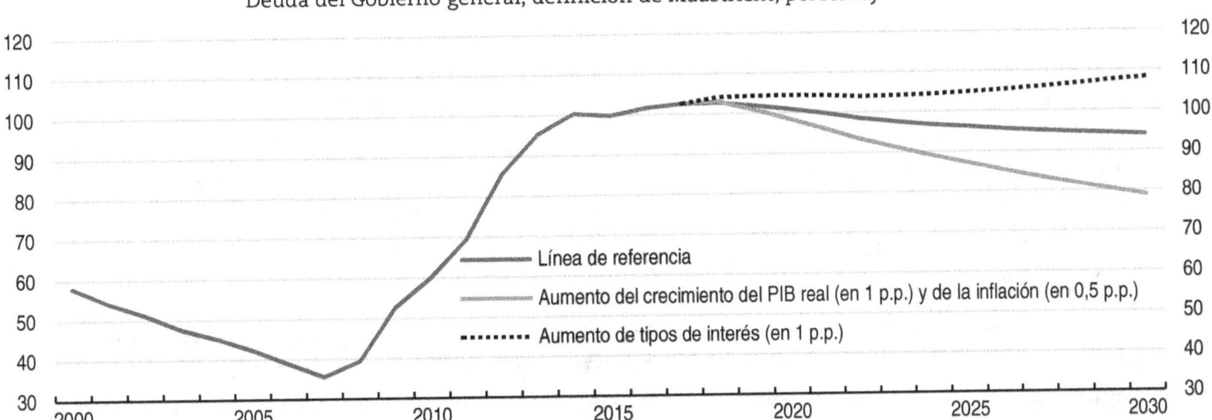

1. La línea de referencia corresponde a las previsiones de Economic Outlook (número 100) hasta 2018 y asume las siguientes hipótesis con posterioridad: un crecimiento de PIB real que cierra paulatinamente la brecha de producto y que a partir de 2023 crece un 0,9% en coherencia con la tasa de crecimiento potencial; el saldo primario alcanza gradualmente un superávit del 0,9% del PIB para 2022, tal y como se recoge en el programa de reforma nacional y posteriormente se mantiene constante; la inflación aumenta de manera progresiva hasta el 2% para 2030 y se alcanza un tipo de interés medio efectivo del 2,7% a partir de 2018. El supuesto de "mayor inflación y mayor crecimiento del PIB" asume un aumento de la inflación en 0,5 puntos porcentuales y un crecimiento del PIB real superior de 1 punto porcentual por año, ambos a partir de 2019. El supuesto de "aumento de tipos de interés" asume un aumento de los tipos de 1 punto porcentual a partir de 2019.

Fuente: Cálculos basados en OCDE (2016), "OECD Economic Outlook N°. 100, Vol. 2016,No. 2", *OECD Economic Outlook: base de datos de estadísticas y proyecciones,* noviembre.

StatLink *http://dx.doi.org/10.1787/888933458928*

La Ley de Estabilidad Presupuestaria y Sostenibilidad Financiera de 2012 reforzó el marco fiscal al establecer metas explícitas de déficit, deuda y gasto para los distintos niveles de las administraciones públicas así como procedimientos para fijar los objetivos anuales presupuestarios, para su seguimiento y sanciones en caso de incumplimiento. Estos mecanismos se han visto reforzados mediante la creación de la Autoridad Independiente de Responsabilidad Fiscal en 2013. La aplicación de la ley de estabilidad ha afrontado diversas complicaciones y a menudo se han incumplido las metas de déficit y gasto. En 2016 se aplicaron medidas correctivas adicionales, tales como una serie de condiciones adicionales para acceder a fuentes de liquidez y recortes en partidas presupuestarias por valor de 1 500 millones de euros para cumplir las metas de déficit.

Las condiciones adicionales para acceder a la liquidez nos parecen un avance positivo dado que los mecanismos de liquidez regional, en forma de préstamos condicionales a bajos tipos de interés proporcionados por el Gobierno central, han ayudado a las comunidades autónomas pero podrían provocar comportamientos fiscales arriesgados (Banco de España, 2016a; FMI, 2015; Cuenca y Ruiz Almedral, 2014). La transparencia ha mejorado con la publicación mensual desde 2016 de las actuaciones adoptadas para cumplir con la regla de gasto – que ha sido incumplida en el pasado por todos los niveles de las administraciones públicas – y de los planes de ajuste de las comunidades autónomas para cumplir sus metas.

Gestionar las presiones del gasto por el envejecimiento de la población

La sostenibilidad fiscal también se podría ver afectada de manera negativa por riesgos de pasivos contingentes como es el caso del elevado gasto de las pensiones. El régimen español de la seguridad social se enfrenta al efecto del envejecimiento de la población así como al legado de la crisis, que ha reducido los ingresos. Este problema se ha reflejado en el debate público dado que hay previsiones que indican que el Fondo de Reserva de la Seguridad Social se agotará para finales de 2017. Las importantes reformas de las pensiones adoptadas en 2011 y 2013 (Recuadro 1) ralentizarán el aumento del gasto relacionado con el envejecimiento en el largo plazo. El Gobierno calcula que estas reformas generarán un descenso del 2,5% del PIB en el gasto para el año 2060 (Gobierno de España, 2016). Como resultado de ello, se prevé que el gasto por pensiones se sitúe en el 11% del PIB en el año 2060 (Figura 12, Panel A), descendiendo ligeramente con respecto al 11,8% del PIB registrado en 2013 (Comisión Europea, 2015). Estas proyecciones indican que las reformas acometidas reducen de manera significativa los riesgos de sostenibilidad fiscal a largo plazo (Comisión Europea, 2015).

Sin embargo, dichas proyecciones están supeditadas a incertidumbres considerables, por lo que puede que sean necesarias reformas adicionales. Las contribuciones a la seguridad social son ya elevadas (28% de los costes laborales en comparación con un promedio en la OCDE del 22,4%), por lo que incrementarlas aún más para pagar las pensiones podría menoscabar el empleo y la competitividad internacional. En su lugar, debe considerarse la financiación de las pensiones en el contexto de una reforma tributaria de mayor alcance (véase el apartado siguiente) con vistas a recaudar la financiación necesaria de una manera más eficiente. La tasa de sustitución teórica para quienes se jubilan con una carrera profesional completa sigue siendo muy elevada incluso después de la reforma (Figura 12, Panel B). Esto contrasta con una de las mayores reducciones del coeficiente de prestaciones – la prestación media entre todos los pensionistas – registrada en los países europeos para el año 2060 (Figura 12, Panel C). De este modo se refleja el efecto que tiene el descenso de los períodos de contribución, que es comparativamente mayor en España que en otros países de la UE (Comisión Europea, 2015) debido a los prolongados periodos de desempleo. En vista de la reducción del coeficiente de prestaciones, es necesario reducir el desempleo y los trabajos temporales aún más (según se describe más adelante) para garantizar la idoneidad de las pensiones para el mayor número posible de personas. Por último, las prestaciones por pensiones de los supervivientes podrían limitarse a casos de necesidad, tal y como se ha recomendado en anteriores estudios de la OCDE (OCDE, 2010).

Reforma tributaria para promover el crecimiento, el empleo y la calidad ambiental

España hizo una reforma para que el sistema tributario sea más redistributivo y promueva el crecimiento en 2015 y 2016, incluido mediante la reducción de la cuña fiscal sobre el trabajo (OCDE, 2014a, Recuadro 1). El peso de la fiscalidad laboral ha descendido. Sin embargo, la estructura impositiva sigue estando orientada hacia los ingresos laborales, lo cual penaliza el crecimiento y el empleo (Johansson et al. 2008). Por el contrario otros impuestos con un efecto menos distorsionador, como los impuestos recurrrentes sobre los bienes immuebles residenciales, el IVA e impuestos relacionados con el medio ambiente estan un tanto infrautilizados (Figura 13). Asimismo, la existencia de unas bases fiscales reducidas, en particular en el caso del IVA y del impuesto sobre sociedades, genera distorsiones y complejidad al tiempo que reduce los ingresos.

La reforma del impuesto sobre la renta de las personas físicas de 2014 redujo la cuña fiscal al dejar exentas las rentas de hasta 12 000 euros y reducir los tipos del IRPF, contribuyendo probablemente así a impulsar la oferta de empleo, especialmente entre los trabajadores de baja cualificación. Como medida temporal para impulsar el empleo indefinido entre febrero de 2015 y agosto de 2016 se redujeron temporalmente las

Figura 12. **Perspectivas de las pensiones en España**

A. Gasto en pensiones
Como porcentaje del PIB, 2060

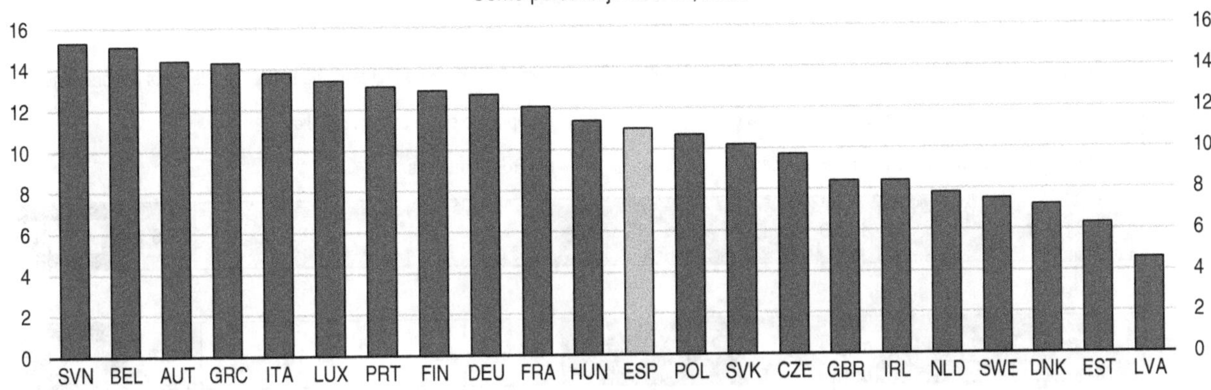

B. Tasas de sustitución teóricas
Ingresos por pensiones en relación con ingresos individuales anteriores, porcentaje[1]

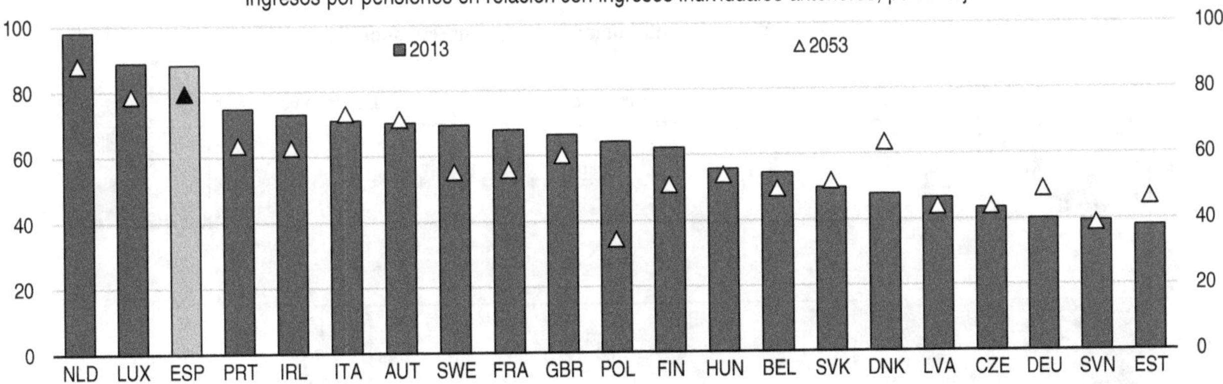

C. Coeficientes de prestaciones
Prestación media de pensión como porcentaje del salario medio en el conjunto de la economía[2]

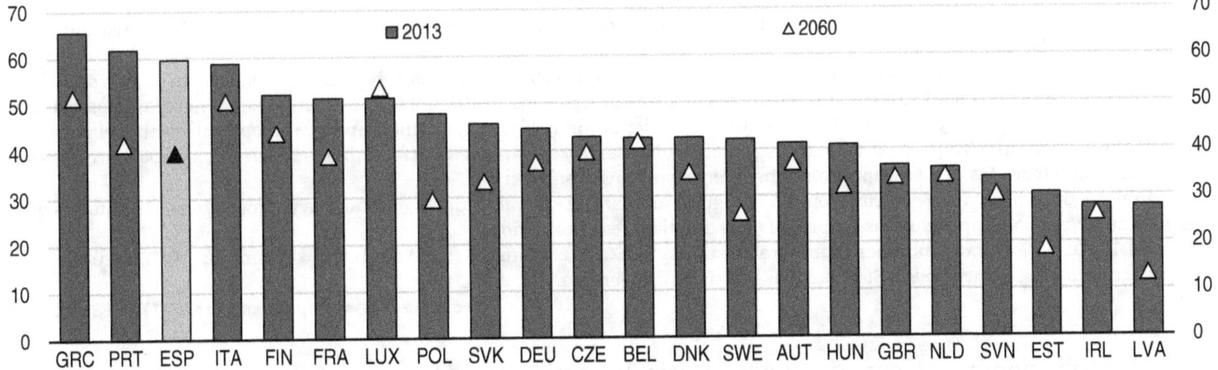

1. Nivel de ingresos por pensiones en el primer año tras la jubilación expresado como porcentaje de los ingresos individuales en el momento de la jubilación. Los datos hacen referencia a varones que han contribuido al sistema de pensiones durante 40 años hasta alcanzar la edad oficial de jubilación.
2. La pensión media se calcula como el coeficiente del gasto público en pensiones con respecto al número de pensionistas, mientras que el salario medio se calcula por aproximación a través del cambio en el PIB por horas trabajadas. La relación entre estos dos indicadores aspira a proporcionar una estimación de la generosidad total de los sistemas de pensiones.

Fuente: Comisión Europea (2015), "The 2015 Ageing Report", Dirección General de Asuntos Económicos y Financieros, marzo; y Comisión Europea (2015), "The 2015 Pension Adequacy Report", Dirección General de Empleo, Asuntos Sociales e Inclusión, octubre.

StatLink *http://dx.doi.org/10.1787/888933458937*

Figura 13. **La estructura tributaria está orientada hacia los impuestos laborales**

Ingresos tributarios como porcentaje de ingresos tributarios totales, 2015[1]

A. Estructura tributaria general[2]

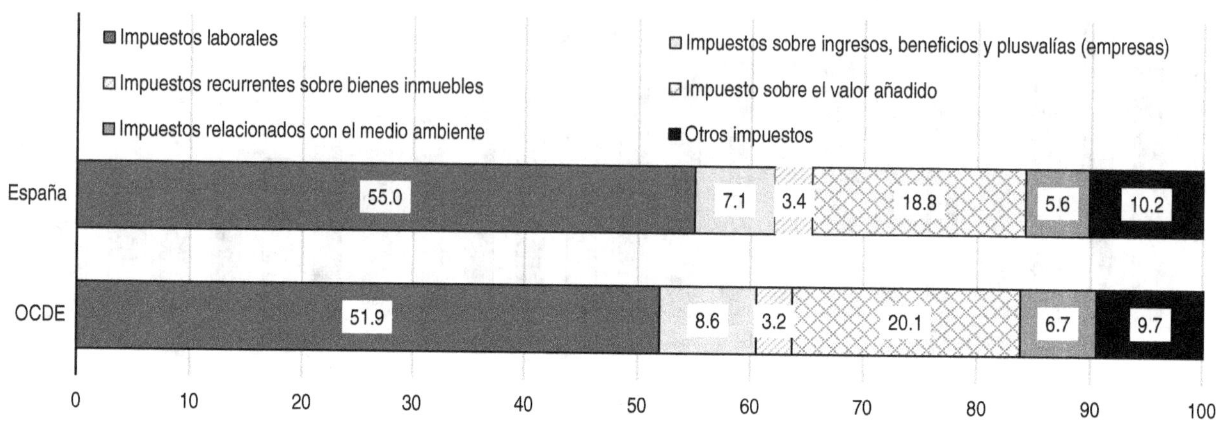

B. Estructura de contribuciones a la seguridad social[3]

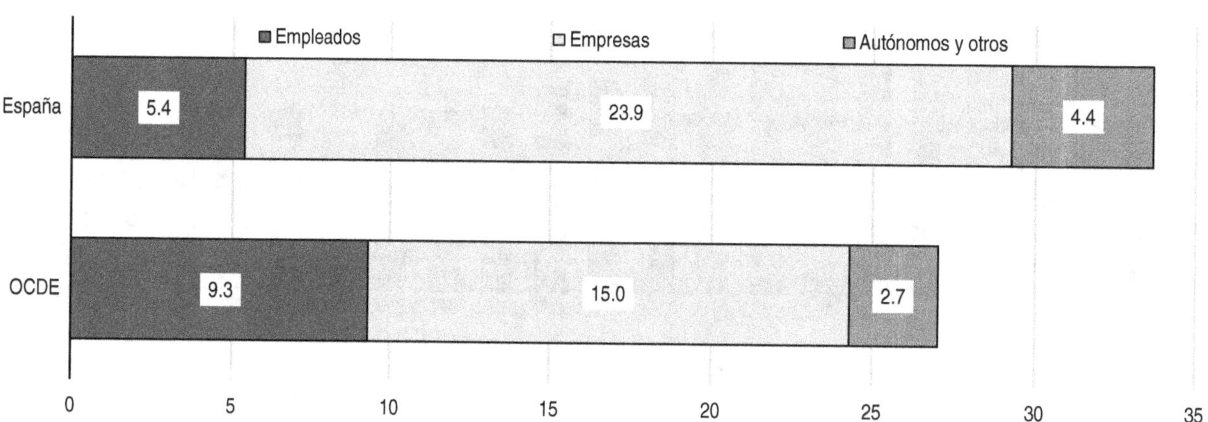

1. El total de la OCDE se calcula como promedio no ponderado y, debido a la disponibilidad de los datos, no incluye Australia, Grecia, Japón, Letonia, México y Polonia.
2. Los impuestos laborales se calculan como la suma de los impuestos sobre los ingresos, beneficios y plusvalías de personas físicas, contribuciones a la seguridad social e impuestos sobre las nóminas y los trabajadores. Otros impuestos incluye todos los demás impuestos sobre bienes salvo impuestos recurrentes sobre bienes inmuebles, tales como impuestos recurrentes sobre el patrimonio, sucesiones y donaciones, impuestos sobre transacciones financieras y de capitales y otros tributos recurrentes y no recurrentes sobre bienes así como todos los demás impuestos sobre bienes y servicios salvo el IVA.
3. Autónomos y otros incluye las contribuciones a la seguridad social de los trabajadores autónomos y otros ingresos tributarios que no sean imputables a los empleados, las empresas y los trabajadores autónomos.

Fuente: OCDE (2016), "Revenue Statistics: Comparative tables", *OECD Tax Statistics* (base de datos), diciembre; y OCDE (2016), "Green Growth Indicators", *OECD Environment Statistics* (base de datos), diciembre.

StatLink http://dx.doi.org/10.1787/888933458940

contribuciones a la seguridad social para las empresas, al eximir durante dos años los primeros 500 euros del salario de los trabajadores contratados con arreglo a nuevos contratos indefinidos. Para respaldar aún más la creación de empleo, el Gobierno debería otorgar un carácter indefinido a este recorte de las contribuciones a la seguridad social para las empresas, además de restringirlo a los trabajadores de baja cualificación. Esto tendrá unos efectos positivos más duraderos sobre el empleo de los trabajadores con menor cualificación, que es donde existe una mayor necesidad de estimular la demanda de empleo. Dicha reducción de las contribuciones a la seguridad social para las empresas deberá considerarse en el contexto de una reforma tributaria de mayor alcance para mejorar la estructura impositiva, que actualmente está orientada hacia los ingresos laborales y penaliza el crecimiento y el empleo.

Las exenciones y los tipos reducidos menoscaban de manera significativa los ingresos por IVA y constituyen el principal factor de la escasa eficiencia de la recaudación por IVA en España (Figura 14). Los tipos reducidos sobre los alimentos frescos y otras necesidades básicas suelen tener un efecto redistributivo, aunque no siempre benefician exclusivamente a la población objetivo, pero otros tipos reducidos tienden a beneficiar en mayor medida a los hogares más acomodados (OCDE, 2014c). Las autoridades deberían reconsiderar los méritos de los tipos reducidos del IVA y eliminar aquellos que beneficien fundamentalmente a la población con mayores ingresos.

También existe margen para mejorar los ingresos por IVA mediante una mejor administración, vigilancia y aplicación normativa. En 2015 se reforzó el sistema de detección temprana de los casos de fraude organizado del IVA. Para 2017 está previsto que se implante un nuevo sistema de declaración electrónica de las facturas del IVA. El Gobierno debería continuar con estos esfuerzos. Al abordar los incumplimientos con el pago del IVA se contribuirá a ampliar la base del IVA y a mejorar la confianza de los ciudadanos en el sistema tributario. Los impuestos sobre el consumo de tabaco y alcohol se han incrementado recientemente pero siguen situándose por debajo del promedio de la UE y podrían aumentarse aún más. En este sentido, son positivas las nuevas medidas adoptadas por el Gobierno en diciembre de 2016 para incrementar los impuestos sobre el alcohol y el tabaco, así como para crear un nuevo impuesto sobre las bebidas azucaradas.

Figura 14. **El rendimiento del IVA es relativamente bajo**

Coeficiente de ingresos por IVA, porcentaje, 2014[1]

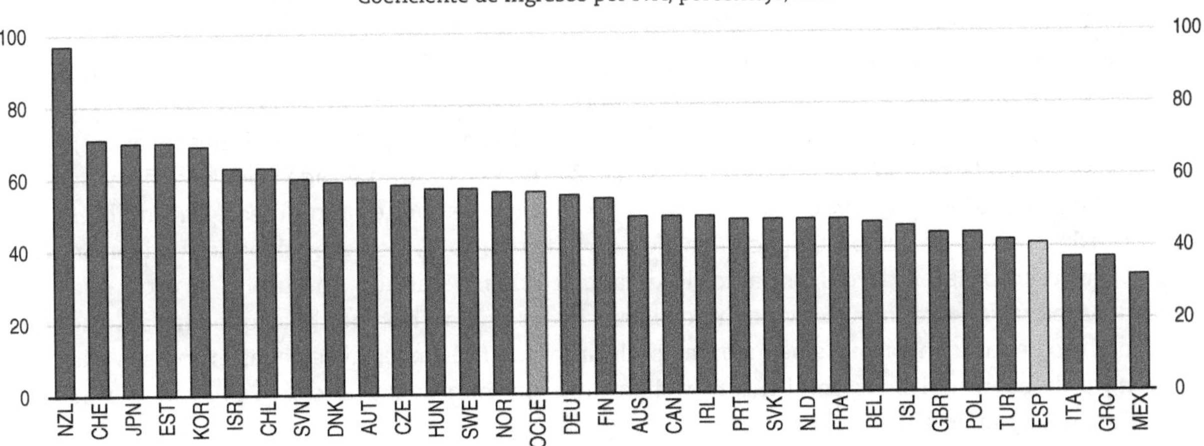

1. El indicador VRR (VAT revenue ratio) se define como el coeficiente entre los ingresos reales recaudados por IVA y los ingresos que teóricamente se habrían recaudado si el tipo general del IVA se hubiera aplicado a la totalidad del consumo final. Este indicador muestra la eficiencia del régimen del IVA en un país en comparación con una norma estandarizada. Se calcula a través de la siguiente fórmula: VRR = ingresos por IVA/[(consumo - ingresos por IVA) x tipo general del IVA]. Los tipos de IVA utilizados son los tipos generales aplicables el 1 de enero de cada año. El hecho de que el consumo público esté exento de IVA según la normativa de la UE establece un límite máximo sobre el VRR alcanzable, sobre todo en países con un sector público considerable como España. En el caso de Canadá, el cálculo del VRR incluye únicamente el IVA federal. En el caso de Japón, teniendo en cuenta el significativo repunte del IVA que se produjo en 1 de abril de 2014, se ha utilizado un tipo medio del IVA para calcular el VRR de 2014. El total de la OCDE se calcula como un promedio no ponderado de los datos que se muestran.

Fuente: OCDE (2016), *Consumption Tax Trends 2016: VAT/GST and excise rates, trends and policy issues.*

StatLink *http://dx.doi.org/10.1787/888933458950*

La base del IRPF se ve erosionada por la existencia de generosas exenciones, reducciones y créditos fiscales. Además de reducir la recaudación, estos elementos incrementan la complejidad del sistema tributario. Tal y como se indica en Haugh y Martínez Toledano (2017), existe una serie de beneficios fiscales que resultan especialmente regresivos, entre los que se incluyen el crédito fiscal sobre los intereses por inversión en vivienda habitual y las reducciones en las contribuciones a los planes de pensiones personales. En 2015 se restringieron las reducciones en las contribuciones a planes de pensiones personales. Si bien el crédito fiscal por invertir en la vivienda habitual ha sido eliminada recientemente, el régimen de transición sigue beneficiando a aquellos que adquirieron su vivienda antes de 2013. Se prevé que esta bonificación cueste 1 200 millones de euros en 2016 (Ministerio de Hacienda y Administraciones Públicas, 2016) y tiende a beneficiar a los hogares con rentas más elevadas. La eliminación de beneficios fiscales ofrece una oportunidad para mejorar la equidad y la eficiencia del sistema tributario.

La reciente reducción del tipo general del impuesto sobre sociedades desde el 30% en 2014 al 25% en 2016 -uniformando el tipo impositivo para todas las empresas- constituye una medida positiva ya que, tal y como sugieren las evidencias empíricas, los tipos impositivos sobre sociedades elevados son relativamente perjudiciales para el crecimiento (Johansson et al. 2008). No obstante, podrían adoptarse medidas adicionales para ampliar la base impositiva del impuesto sobre sociedades. Por ejemplo, la implantación de dotaciones por amortización que resulten más neutrales entre los distintos tipos de activos y empresas al alinear la amortización tributaria con la amortización económica de los bienes también podría contribuir a ampliar la base de este impuesto y ayudar a reducir las distorsiones en la asignación de capital (OCDE, 2014d).

El Gobierno ha introducido en diciembre de 2016 una serie de medidas dirigidas a ampliar la base del impuesto sobre sociedades que afectará a las grandes empresas y que está previsto que recaude 4 600 millones de euros. Lo más destacado de estas medidas es que incluyen limitaciones sobre el volumen que las empresas se pueden deducir por pérdidas anteriores (un 25% para las empresas con ingresos netos superiores a 60 millones de euros y un 50% para las empresas con ingresos netos de entre 20 y 60 millones de euros). Estas medidas también limitan la capacidad de deducción de pérdidas por deterioro de valor – pérdidas que surgen como resultado de que los bienes tangibles e intangibles pierdan valor – en sus participaciones o en su patrimonio. El Gobierno debería realizar un seguimiento detenido del impacto de estas medidas. Teniendo en cuenta la profunda desaceleración económica vivida, muchas empresas han sufrido pérdidas que ahora no se podrán deducir en parte. Estas medidas podrían reducir los incentivos de las empresas a la hora de asumir riesgos en el futuro y disminuir de manera significativa el atractivo de España como destino de inversión.

España cuenta con un margen de actuación considerable para conseguir que su sistema tributario resulte más respetuoso con el medio ambiente, ya que los ingresos por impuestos ambientales en proporción al PIB son bajos en comparación con la mayoría de países de la OCDE (Figura 15). Hay margen para elevar los impuestos sobre los combustibles para el transporte por carretera, los cuales se encuentran por debajo del promedio de la OCDE. Asimismo, la tributación por cada litro de diésel es menor que la que se aplica a la gasolina, lo cual anima a los consumidores a comprar vehículos diésel, a pesar de que generan más emisiones de CO_2 por litro que los de gasolina, y emiten más agentes contaminantes del aire por kilómetro que resultan perjudiciales para la salud. El Gobierno debería incrementar la tributación del litro de diésel hasta niveles cuando menos

Figura 15. Hay margen para conseguir que el sistema tributario español sea más respetuoso con el medio ambiente

Ingresos por impuestos relacionados con el medio ambiente, como porcentaje del PIB, 2014[1]

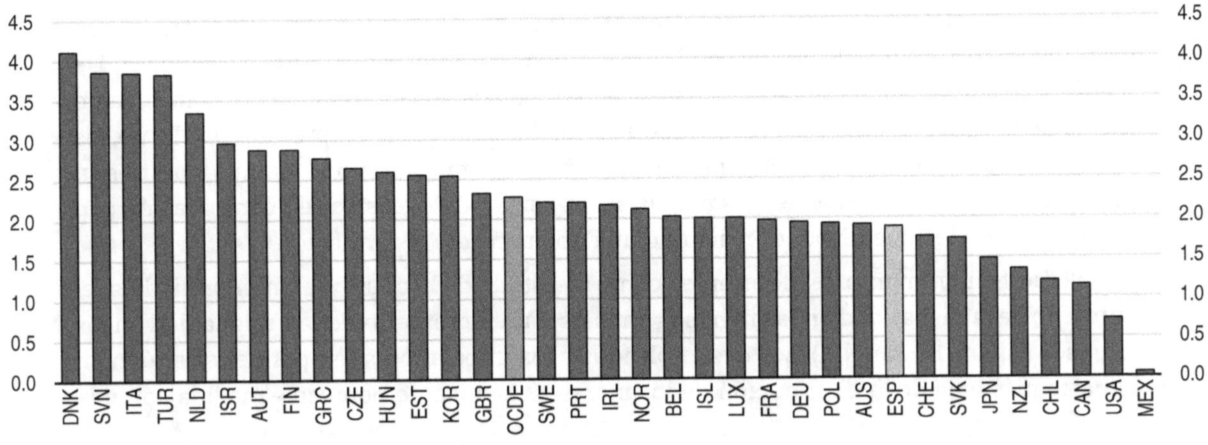

1. 2013 en el caso de Polonia. El total de la OCDE se calcula como un promedio no ponderado de los datos que se muestran.
Fuente: OCDE (2016), "Green Growth Indicators", *OECD Environment Statistics* (base de datos), diciembre.

StatLink ᵃᵎˢᵖ *http://dx.doi.org/10.1787/888933458962*

equivalentes a los del litro de gasolina, y debería elevar aún más el precio del diésel si las diferencias en los costes de contaminación local no están reflejadas en el precio de los combustibles. Según simulaciones existentes, podría conseguirse una recaudación adicional de 4 000 millones de euros al equiparar la tributación del diésel en términos energéticos a la gasolina (OCDE, 2014d). Los estudios realizados por la OCDE muestran que es poco probable que el precio del carbono afecte la competitividad de las empresas afectadas; además, el aumento de los precios de la energía no da lugar a impactos distributivos especialmente profundos (Flues y Thomas, 2015; OCDE, 2016c). Asimismo, existe margen para reducir las exenciones a fin de ampliar la base de la tributación medioambiental, ya que algunos usuarios de los sectores de la agricultura, minería, aviación, navegación y transporte ferroviario están exentos de los impuestos sobre los combustibles o de los impuestos especiales sobre la electricidad (OCDE, 2015c).

Conseguir un crecimiento más inclusivo mediante la reducción del desempleo y la mejora de la calidad del trabajo

Mejorar el funcionamiento del mercado laboral y reforzar el conjunto de las habilidades de los trabajadores españoles será fundamental para conseguir que el crecimiento sea más inclusivo y para mejorar el bienestar. Hay varios problemas en el mercado de trabajo, entre los que destacan un desempleo muy alto, un bajo nivel de habilidades y formación y una proporción elevada de desempleados de larga duración (el 47,8% del total de los desempleados en el cuarto trimestre de 2016).

Asimismo, la calidad del empleo, que se ha deteriorado como resultado de la crisis, debe mejorar para conseguir un crecimiento más inclusivo. La calidad del empleo – entendida en términos de ingresos, seguridad y calidad del entorno de trabajo – resulta importante para el bienestar y la productividad (OCDE, 2014e, Cazes et al., 2015). En 2013, los trabajadores españoles eran los que más probabilidades tenían de perder su empleo en la OCDE, principalmente como resultado de la pérdida de empleo de aquellos con contratos temporales. Además, la duración esperada del desempleo también era muy elevada para los estándares de la OCDE. Es probable que la situación haya mejorado desde entonces, teniendo en cuenta la recuperación del mercado laboral y el descenso de las cifras de desempleo. No obstante, aún una cuarta parte del conjunto de los empleados tiene empleos temporales, lo cual representa la mayor proporción de la OCDE después de Polonia (Figura 16, Panel A). Asimismo, España también muestra la tasa más baja en la transición de trabajadores de empleos temporales a empleos indefinidos (Figura 16, Panel B). De media los ingresos son también comparativamente bajos, lo cual refleja la baja formación media de los trabajadores y la escasa productividad media de las empresas. Por último, las exigencias laborales impuestas sobre los trabajadores, tales como el tiempo que tienen para realizar una tarea o los riesgos para la salud física, son excesivos en comparación con los recursos de los que disponen, incluido un débil acceso a la formación.

El fuerte incremento del desempleo como resultado de la crisis y, en menor medida, el aumento de la disparidad en los ingresos anuales, han incrementado la desigualdad en los ingresos (Figura 17, Panel A). Los desempleados y los trabajadores temporales se sitúan en la parte más baja de la distribución de los ingresos. La tasa de pobreza – medida como la

Figura 16. **El empleo temporal sigue siendo elevado**

A. Proporción de empleo temporal
Como porcentaje del número total de empleados, 2015[1]

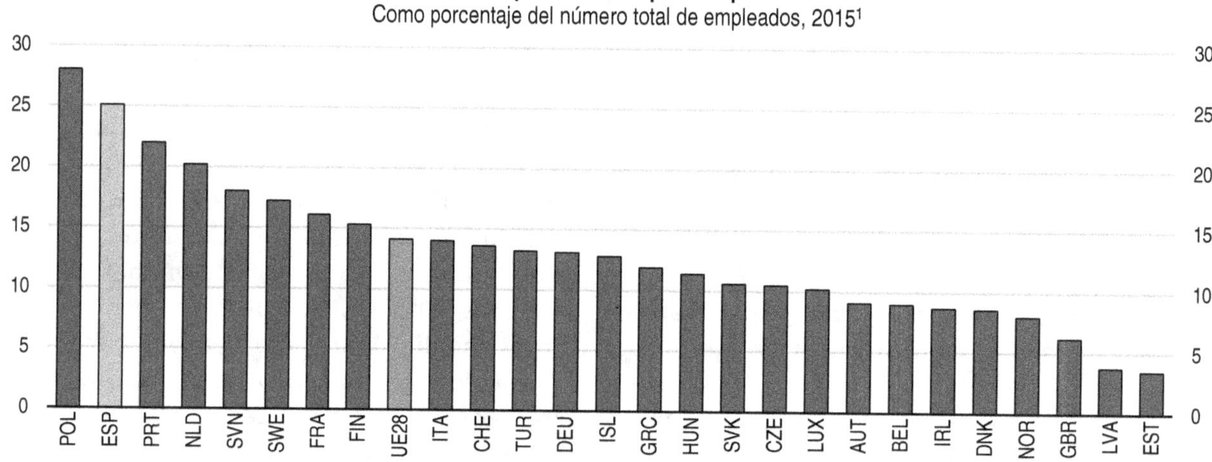

B. Transición al empleo indefinido
Proporción de empleados temporales que han conseguido un empleo indefinido (porcentaje), 2015[2]

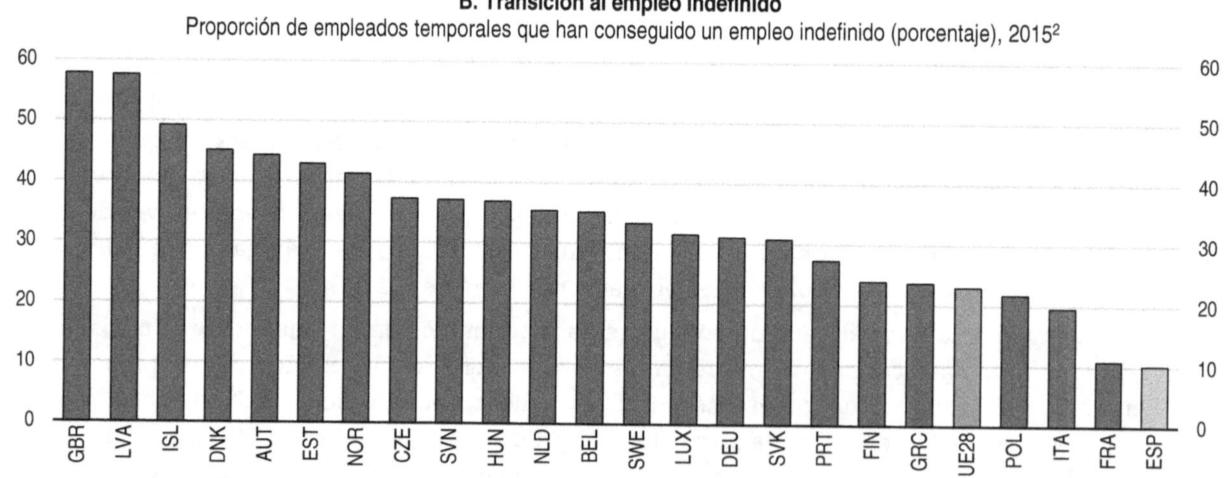

1. Los datos hacen referencia a la población con 15 años de edad y en adelante.
2. Se han utilizado los datos de 2014 en el caso de Alemania, Grecia, el Reino Unido y los datos agregados de la Unión Europea (UE28).
Fuente: Eurostat (2016), "Empleo y desempleo (Encuesta de población activa)", *base de datos de Eurostat*, diciembre.

StatLink http://dx.doi.org/10.1787/888933458977

Figura 17. **La desigualdad de los ingresos y la pobreza han aumentado durante la crisis**

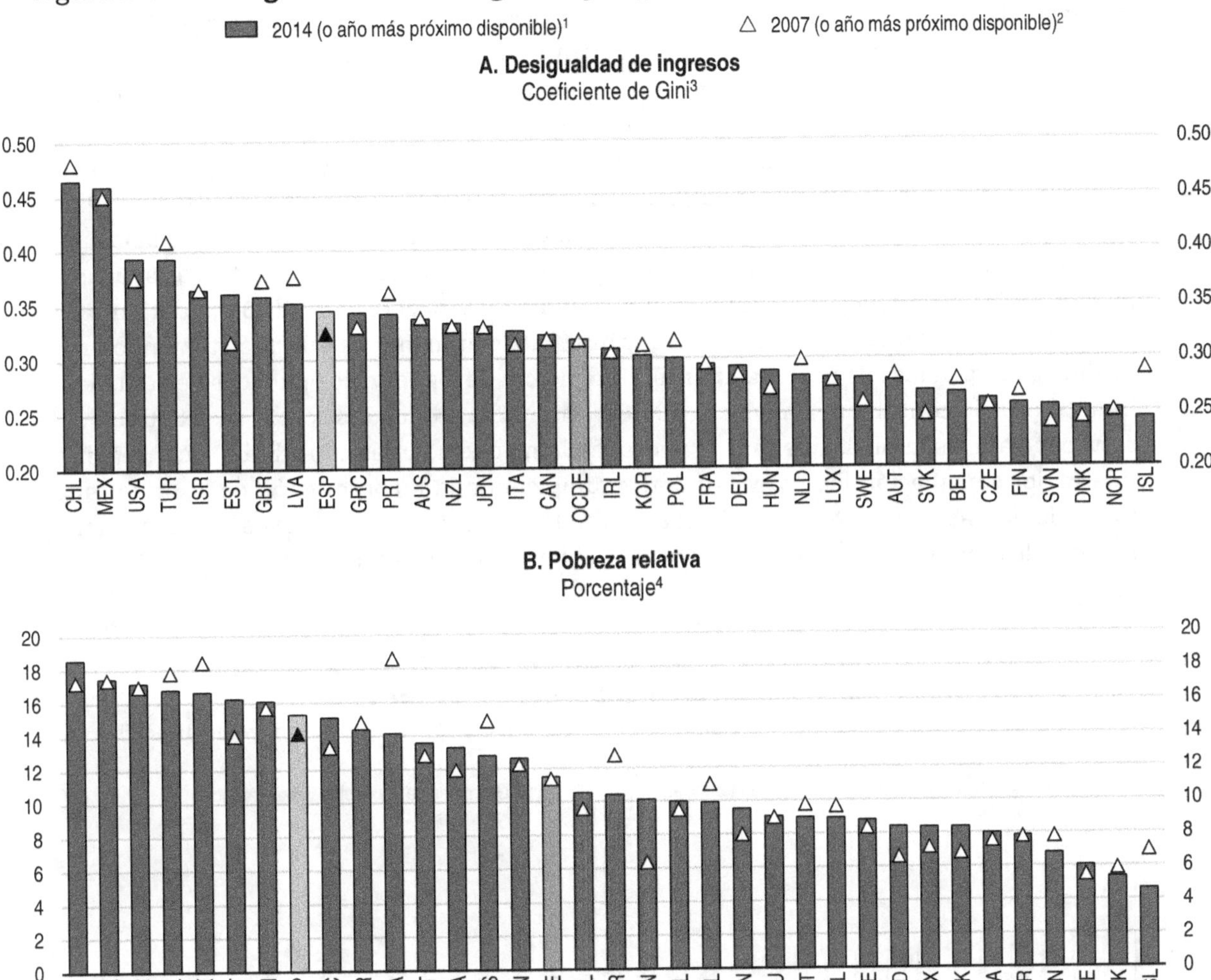

1. Datos correspondientes a 2014 en el caso de Australia, Finlandia, Hungría, Israel, Corea, México, Países Bajos, España y Estados Unidos; datos correspondientes a 2012 en el caso de Japón y Nueva Zelanda; datos correspondientes a 2013 para todos los demás países.
2. Datos correspondientes a 2008 en el caso de Australia, Francia, Alemania, Israel, México, Nueva Zelanda, Noruega, Suecia y Estados Unidos; datos correspondientes a 2006 en el caso de Japón; datos correspondientes a 2009 en el caso de Chile; datos correspondientes a 2007 para todos los demás países.
3. El coeficiente de Gini se calcula para mostrar la renta disponible de los hogares después de impuestos y transferencias, ajustado para reflejar las diferencias en el tamaño de los hogares y oscila entre cero – todas las personas disponen de rentas idénticas – y uno – la totalidad de la renta la recibe una única persona –. Por tanto, cuanto más alto sea el coeficiente de Gini, mayor será la desigualdad en la distribución de la renta. El total de la OCDE se calcula como un promedio no ponderado de los datos que se muestran.
4. La tasa de pobreza relativa se define como la proporción de personas que viven con menos de la mitad de la renta mediana disponible (ajustada para reflejar el tamaño de las familias y después de impuestos y transferencias) del conjunto de la población. El total de la OCDE se calcula como un promedio no ponderado de los datos que se muestran.

Fuente: Datos provisionales procedentes de OCDE, base de datos de distribución de ingresos.

StatLink http://dx.doi.org/10.1787/888933458980

proporción de personas que viven con menos de la mitad de la renta disponible mediana equivalente de los hogares – sigue siendo elevada (Figura 17, Panel B), a pesar de que descendió relativamente en 2014, y es probable que haya seguido descendiendo desde entonces, dada la mejora experimentada en el mercado de trabajo. Los niveles de pobreza son especialmente altos en los hogares con desempleados, especialmente aquellos que tienen hijos, tal y como refleja la elevada tasa de pobreza infantil del 23,4%, en comparación con un promedio del 13,3% en 2013 en la OCDE.

El sistema impositivo y de transferencias ayuda a reducir la desigualdad de los ingresos y la pobreza (Figura 18). Hay también un estudio del Instituto de Estudios Fiscales que sugiere que la reforma tributaria de 2014 podría haber contribuido a reducir la desigualdad (IEF, 2015). Sin embargo se pueden adoptar medidas adicionales en este sentido. Las transferencias ayudan a reducir la pobreza, pero son bajas y benefician generalmente a la población más acomodada (Figura 19). En líneas generales, las ayudas públicas para las familias son escasas. El gasto social por niño es inferior al promedio de la OCDE y es especialmente bajo en la primera infancia, lo cual se deriva de un gasto bajo en ayudas en efectivo a las familias y en servicios públicos para el cuidado infantil. Las ayudas en efectivo a las familias representaban únicamente el 0,5% del PIB en 2013, un dato muy inferior al promedio del 1,2% de la OCDE, y que puede aumentarse aún más teniendo en cuenta la elevada tasa de pobreza infantil. Una mejora de los servicios públicos de cuidado infantil no sólo contribuirá a aliviar la pobreza infantil al reducir los costes de este tipo de servicios para las familias que más lo necesitan, sino que además contribuirá a conseguir una mejor conciliación laboral y familiar, promoviendo la incorporación de la mujer al mercado de trabajo y potenciando la educación de primera infancia – cuyos beneficios en materia de rendimiento escolar posterior están bien documentados (OCDE, 2011; Heckman et al., 2010).

Figura 18. Los impuestos y las transferencias reducen la desigualdad en la renta disponible de los hogares

Cambio en el coeficiente de Gini debido a impuestos y transferencias, 2014 o año más próximo disponible[1]

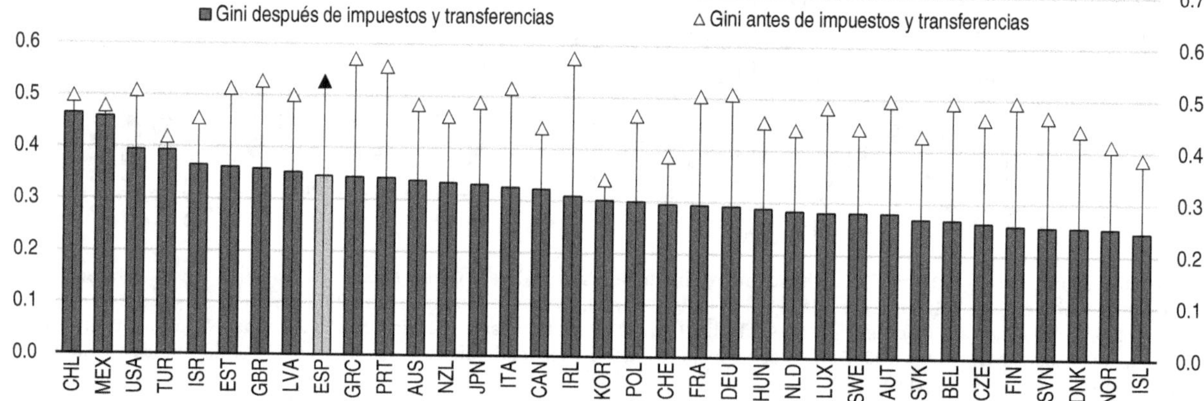

1. Datos correspondientes a 2014 en el caso de Australia, Finlandia, Hungría, Israel, Corea, México, Países Bajos, España y Estados Unidos; datos correspondientes a 2012 en el caso de Japón y Nueva Zelanda; datos correspondientes a 2013 para todos los demás países. El coeficiente de Gini oscila entre cero – todas las personas disponen de rentas idénticas – y uno – la totalidad de la renta la recibe una única persona –. Por tanto, cuanto más alto sea el coeficiente de Gini, mayor será la desigualdad en la distribución de la renta.

Fuente: Datos provisionales procedentes de OCDE, base de datos de distribución de ingresos.

StatLink ᴍᴮ⃞ *http://dx.doi.org/10.1787/888933458994*

Reforzar las ayudas sociales y conseguir empleos de calidad para un mayor número de personas

Muchas personas desempleadas han agotado sus ayudas y por tanto se encuentran en riesgo de pobreza y exclusión social. La protección social para las personas en edad de trabajar en España consiste no sólo en seguros por desempleo y otros programas gestionados por el Gobierno central, sino también una serie de programas de ayuda en materia de ingresos mínimos gestionados por las comunidades autónomas. Los programas

Figura 19. **El sistema de transferencias puede hacer más por combatir la pobreza**

Población en edad de trabajar, 2013[1]

A. Tasas de pobreza relativa, umbral del 50%

Porcentaje[2]

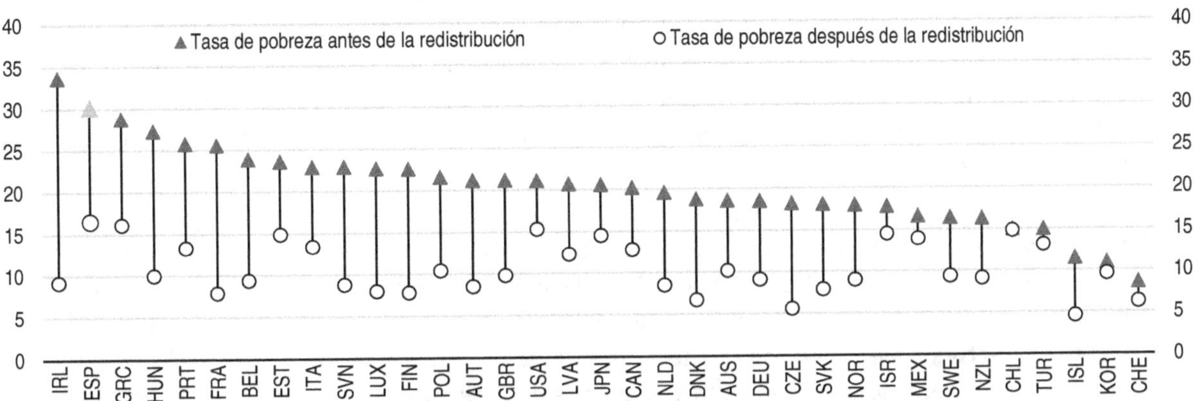

B. Proporción de transferencias recibidas por el decil de ingresos más bajo

Porcentaje[3]

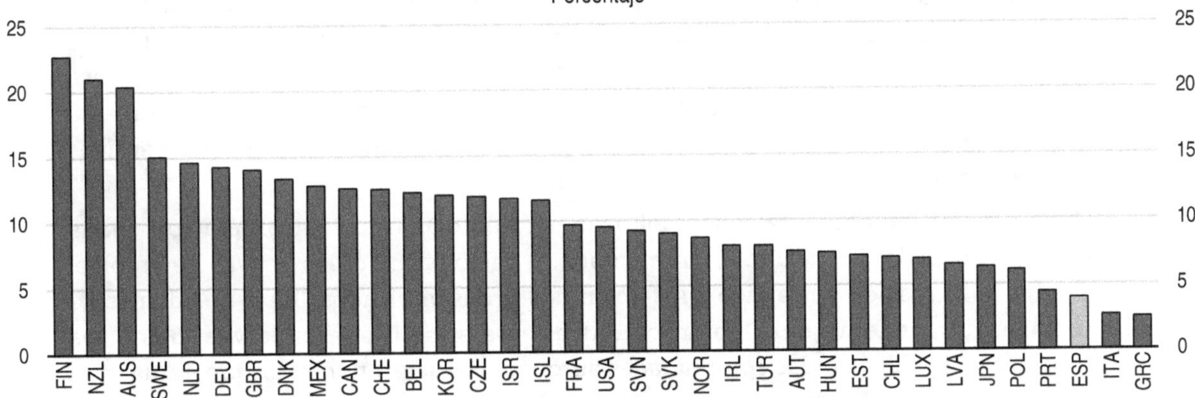

C. Las transferencias benefician sobre todo a las rentas más altas

Transferencias en efectivo recibidas por cada decil de ingresos como porcentaje del total de transferencias en efectivo

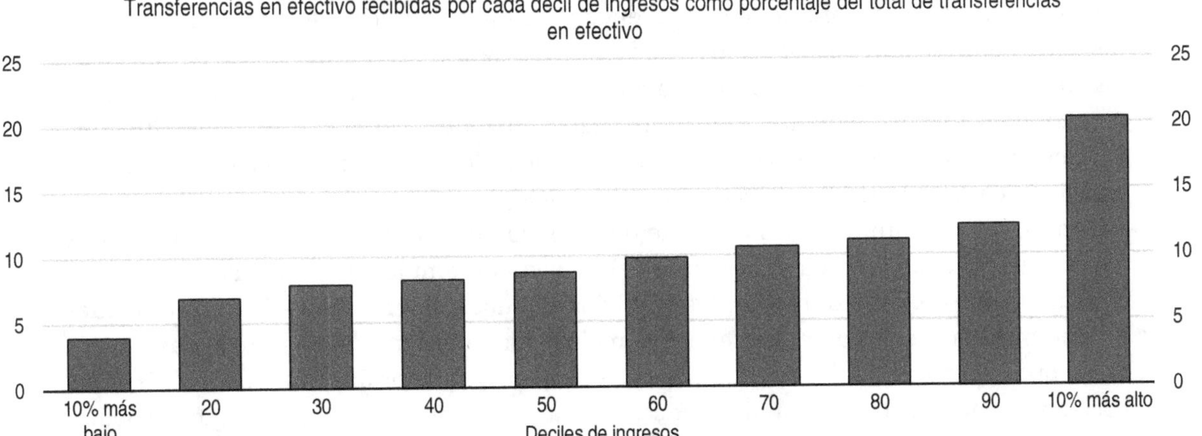

1. 2014 en el caso de Australia, Hungría y México. 2012 en el caso de Japón y Nueva Zelanda.
2. La tasa de pobreza relativa se define como la proporción de personas que viven con menos de la mitad de la renta mediana disponible (ajustada para reflejar el tamaño de las familias) del conjunto de la población.
3. Transferencias actuales recibidas del sistema público de seguridad social.

Fuente: Los cálculos se basan en OCDE, base de datos de distribución de ingresos.

StatLink *http://dx.doi.org/10.1787/888933459000*

de ingresos mínimos de las comunidades autónomas son, en líneas generales, escasos y tienen un alcance y una eficacia limitados. Tan sólo el 1,5% de los hogares recibió en 2014 ayudas de ingresos mínimos a través de los programas gestionados por las comunidades autónomas. La denominada Renta Mínima de Inserción (RMI) constituye el programa de ayudas más habitual para quienes no tienen derecho a prestaciones por desempleo. Sin embargo, los beneficiarios potenciales de la Renta Mínima de Inserción han de enfrentarse a unos trámites prolongados y engorrosos para poder acceder al programa. La simplificación de estos trámites contribuiría a mejorar el acceso a aquellos beneficiarios potenciales y el alcance de las ayudas.

Deben replantearse los programas para combatir la pobreza. Estos programas deben ser reorganizados para hacerlos más efectivos, y ha de incrementarse tanto su alcance como la cuantía de las ayudas, en especial en el caso de familias pobres con niños. Y lo que es aún más importante, las prestaciones deben estar estrictamente supeditadas a la búsqueda activa de empleo, de manera que contribuyan a que los beneficiarios sigan vinculados al mercado de trabajo a través de los servicios públicos de empleo. El empleo es la mejor fórmula para salir de la pobreza de manera duradera. Asimismo, los programas de ayudas deben estar mejor coordinados con los servicios públicos de empleo de manera que exista una vinculación más estrecha entre protección social y la búsqueda activa de empleo. Además, las prestaciones sociales para los desempleados deben ir retirándose más gradualmente a medida que aumentan los ingresos percibidos, en lugar de eliminarse por completo como es el caso en la actualidad, para que no se menoscaben los incentivos económicos para trabajar.

También son fundamentales las políticas para potenciar la reincorporación de las personas al mercado de trabajo. Ha aumentado el gasto en medidas activas de empleo, tales como la formación y la ayuda a inserción de los desempleados (Tabla 4). Además, la financiación procedente del Gobierno central está supeditada cada vez más a los resultados conseguidos por las comunidades autónomas que gestionan los programas a la hora de reincorporar a los desempleados al mercado de trabajo. Sin embargo, el gasto sigue siendo bajo (Figura 20) y los servicios públicos de empleo siguen teniendo dificultades para resultar eficaces a la hora de ayudar a encontrar empleo a aquellos que no lo tienen. Recientemente se han puesto en marcha iniciativas para crear perfiles mejor definidos de los demandantes de empleo y para ayudarles en su búsqueda, al tiempo que se ha recurrido en mayor medida a consultores especializados. No obstante, el significativo volumen de desempleados y los múltiples obstáculos a los que se enfrentan para encontrar trabajo hace necesaria que se centren más en los grupos con mayores obstáculos para encontrar empleo, un uso más eficiente de los recursos y una reducción del número de casos gestionados por cada profesional del servicio de empleo. Para ayudar mejor a los desempleados de larga duración, los servicios públicos de empleo de las comunidades autónomas han de mejorar sus servicios, mejorando las herramientas utilizadas para la creación de perfiles de los demandantes de empleo y la coordinación con los servicios sociales de cara a la prestación de ayudas. Un mayor uso de herramientas digitales podría contribuir a mejorar los resultados, sobre todo agilizando los trámites al tiempo que se reducen los costes.

Es necesario adoptar programas más eficaces y mejor definidos para los desempleados de larga duración. Los programas actuales – Renta Activa de Inserción (RAI), Programa de Recualificación Profesional (PREPARA) y Programa de Activación para el Empleo, (PAE) – se lanzaron en diferentes momentos y con diferentes objetivos, y su coordinación podría

Tabla 4. **Recomendaciones anteriores de la OCDE en materia de políticas del mercado de trabajo**

Recomendaciones del Estudio Económico 2014	Medidas adoptadas desde 2014
Fortalecer las políticas activas de empleo mejorando la formación profesional, reforzando las capacidades y la eficiencia de los servicios públicos de empleo y potenciando la coordinación entre los distintos niveles de la administración.	En septiembre de 2014, se adoptó la Estrategia de Activación para el Empleo para potenciar la coordinación con los servicios públicos de empleo de las comunidades autónomas. Se ha aumentado el presupuesto para programas activos de empleo (al menos un 16% entre 2015 y 2016) y la financiación proporcionada a las comunidades autónomas depende de los resultados conseguidos por los servicios públicos de empleo de dichas comunidades.
Para incrementar aún más la flexibilidad en las negociaciones salariales es necesario que las empresas puedan incorporarse -en lugar de descolgarse- de los convenios colectivos sectoriales, suprimiendo la prórroga automática de dichos convenios e imponiendo obligaciones de representación para los restantes convenios colectivos sectoriales.	No se han adoptado medidas al respecto.
Reducir en mayor medida la indemnización por despido improcedente. En caso de que la reforma no resulte efectiva, un contrato único con una indemnización por despido inicialmente baja que aumente paulatinamente reduciría la todavía gran diferencia de los costes por despido entre contratos indefinidos y sus homólogos temporales. Esto contribuiría a reducir la dualidad de manera efectiva.	No se han adoptado medidas al respecto.

Figura 20. **El gasto en programas activos de empleo por desempleado es bajo en España**
Como porcentaje del PIB per cápita, 2013[1]

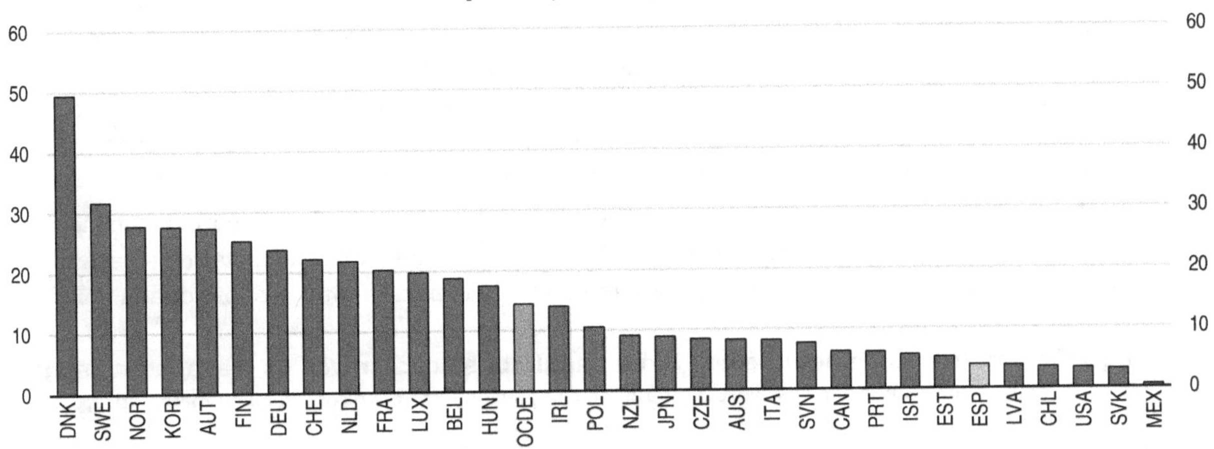

1. El total de la OCDE se calcula como un promedio no ponderado de los datos que se muestran.
Fuente: OCDE (2016), "Labour market programmes: expenditure and participants", *OECD Employment and Labour Market Statistics* (base de datos), diciembre. "

StatLink *http://dx.doi.org/10.1787/888933459019*

mejorarse o reorganizarse para que resulten más eficaces. El PAE – un importante programa de ayudas y formación dirigido a los desempleados de larga duración con personas a su cargo – ha ayudado al 15% de sus participantes a encontrar trabajo, lo cual es un dato relativamente bueno en comparación con programas similares en otros países (Card et al., 2015). La experiencia con este programa – que provee una asistencia más intensa y unos requisitos más estrictos para la búsqueda activa de empleo – podría ampliarse de manera más generalizada. Asimismo, podrían aumentarse las ayudas económicas de los programas actuales – actualmente de en torno a 400 euros al mes – en la medida de lo posible dentro del presupuesto, para conseguir una mayor eficacia de los programas.

Los requisitos de búsqueda de empleo vinculados a las prestaciones por desempleo constituyen una herramienta importante para promover la reincorporación de los desempleados al mercado de trabajo (OCDE, 2015b). Si bien estos requisitos de búsqueda ya existen, no están necesariamente claros los criterios relacionados con la búsqueda activa de empleo, incluidos los relativos a ofertas de trabajo que los demandantes de empleo estén obligados a aceptar (OCDE, 2014a). Además, la sanción correspondiente por incumplir estos requisitos rara vez se aplica. Es necesario que exista una mayor coordinación entre el Gobierno central responsable de las prestaciones por desempleo y las autoridades de las comunidades autónomas responsables de los servicios públicos de empleo, ya que deben aplicarse los requisitos establecidos sobre la búsqueda activa de empleo. Asimismo, resultaría de ayuda proporcionar un apoyo más integrado a los demandantes de empleo, en especial a los desempleados de larga duración, a través de un único punto de contacto para todos los servicios de empleo y sociales.

Reforzar el conjunto de las habilidades de la población

Será fundamental reforzar el conjunto de las habilidades – relativamente deficiente – de la fuerza laboral para conseguir empleos de calidad e impulsar el crecimiento potencial de España (Figura 21 y Tabla 5). Las ayudas económicas de los programas para desempleados de larga duración deberían verse complementados con programas de reconversión profesional en colaboración con institutos de enseñanza y formación profesionales o programas de "educación para adultos". La mayor parte de los desempleados de larga duración carecen de habilidades básicas y de cualificaciones reconocidas, por lo que estos programas de reconversión profesional podrían ayudarles a adquirir las habilidades oportunas para encontrar nuevos empleos. España cuenta con una oferta relativamente extensa de programas de "educación para adultos" y estos programas podrían reorientarse hacia la formación dirigida al empleo para desempleados de larga duración.

La Garantía Juvenil está dirigida a promover la orientación profesional, la información laboral y la asistencia en la búsqueda de empleo y en la contratación. No obstante, a pesar de que España ha recibido la mayor proporción de la financiación total proporcionada por

Figura 21. **La proporción de adultos con bajos resultados académicos es elevada en España**

Porcentaje de adultos con puntuación de Nivel 1 o inferior en compresión lectora y/o comprensión matemática, 2012[1]

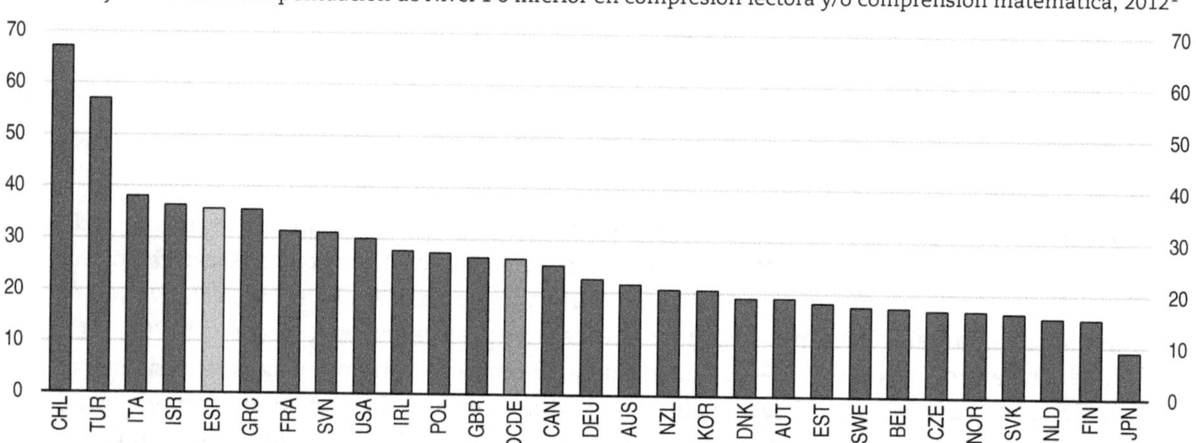

1. Datos correspondientes a 2015 en el caso de Chile, Grecia, Israel, Nueva Zelanda, Eslovenia y Turquía. Se entiende por adultos con bajo resultados académicos aquellos que consiguen una puntuación de Nivel 1 o inferior en comprensión lectora o comprensión matemática. El resultado total de la OCDE se corresponde con un promedio no ponderado de los 28 países de la OCDE que participaron en el Programa para la Evaluación Internacional de las Competencias de los Adultos (PIAAC). Los datos correspondientes a Bélgica hacen referencia a Flandes. Los datos correspondientes a Reino Unido hacen referencia a Inglaterra.
Fuente: OCDE (2016), *Skills Matter: Further Results from the Survey of Adult Skills.*

StatLink http://dx.doi.org/10.1787/888933459020

Tabla 5. **Recomendaciones anteriores de la OCDE en materia de políticas de educación**

Recomendaciones del Estudio Económico 2014	Medidas adoptadas desde 2014
Aumentar el componente práctico del sistema de enseñanza y formación profesionales efectuado en las empresas, que actualmente se basa eminentemente en el centro educativo.	En la EFP de secundaria, el tiempo destinado a la formación práctica se ha aumentado hasta alcanzar un mínimo del 60% para todos los alumnos. La formación se lleva a cabo o bien en el centro educativo o en una empresa.
Elevar la calidad de la innovación y fortalecer la competitividad promoviendo universidades y centros de investigación de mayores dimensiones y especialización.	Desde 2015, la nueva normativa reduce el número de grados universitarios para potenciar la especialización.

la Unión Europea para implantar esta iniciativa, el programa ha tenido un arranque lento y todavía no ha llegado a tantos jóvenes "NiNi" – jóvenes que ni estudian ni trabajan – como debería. Las medidas recientemente adoptadas en diciembre de 2016 que conllevan que los jóvenes inscritos en los servicios públicos de empleo figurarán automáticamente en el sistema de garantía juvenil pueden contribuir a impulsar el número de jóvenes inscritos y a incrementar el número de jóvenes "NiNi" que reciban ayuda.

Asimismo, es necesario mejorar la educación obligatoria. La incidencia del abandono escolar temprano se ha reducido de manera significativa en los últimos años (desde el 26,3% en 2011 al 19,9% en 2015). No obstante, España sigue teniendo los niveles más altos de abandono escolar temprano de la UE (Figura 22) y los resultados educativos son deficientes (OCDE, 2015d). Esto se debe a una serie de factores: buenas oportunidades de empleo para los jóvenes con baja cualificación en algunas comunidades autónomas, un reducido número de itinerarios para acceder a la educación secundaria superior o el escaso valor percibido de algunos grados de enseñanza y formación profesionales (EFP) de secundaria en el mercado de trabajo. La Ley Orgánica para la mejora de la calidad educativa (LOMCE) se ha implantado gradualmente desde 2014 y uno de sus objetivos es abordar los niveles de abandono escolar temprano (OCDE, 2014a, Recuadro 1). Por ejemplo, esta ley creó un nuevo sistema de EFP básica que ofrecerá un nuevo itinerario para acceder a la educación secundaria superior y proporciona herramientas para que las comunidades autónomas y los centros educativos mejoren los grados de EFP en secundaria. Si bien es demasiado pronto para evaluar los efectos de la ley, teniendo en cuenta su amplio alcance y la desigual aplicación entre las distintas comunidades autónomas, sus objetivos van en la dirección correcta, prestando una mayor atención a las competencias y habilidades de los alumnos.

Sin embargo, es necesario adoptar medidas adicionales para mejorar la calidad de la enseñanza y los resultados educativos. Las evidencias recopiladas por la OCDE muestran que los profesores españoles tienen menos probabilidades de beneficiarse de los programas de apoyo laboral que los profesores de otros países de la OCDE, y que el apoyo que reciben no es muy eficaz (OCDE, 2015d). Asimismo, los profesores carecen de incentivos y de apoyo para participar en actividades de desarrollo profesional. Para poder aplicar de forma efectiva los nuevos modelos pedagógicos establecidos en la legislación y ayudar a los alumnos que obtienen peores resultados, los profesores necesitan mejor formación y orientación para que la reforma consiga mejorar los resultados educativos y reducir el abandono escolar temprano. Entre las medidas que pueden ayudar a mejorar la calidad de la enseñanza se incluyen la mejora de la formación universitaria y de los procesos de selección de los profesores, y una formación más eficaz de los profesores en el propio puesto de trabajo. Además, las comunidades autónomas deberían evaluar cómo se asigna actualmente el gasto a fin de reducir con mayor eficacia las tasas de abandono escolar temprano.

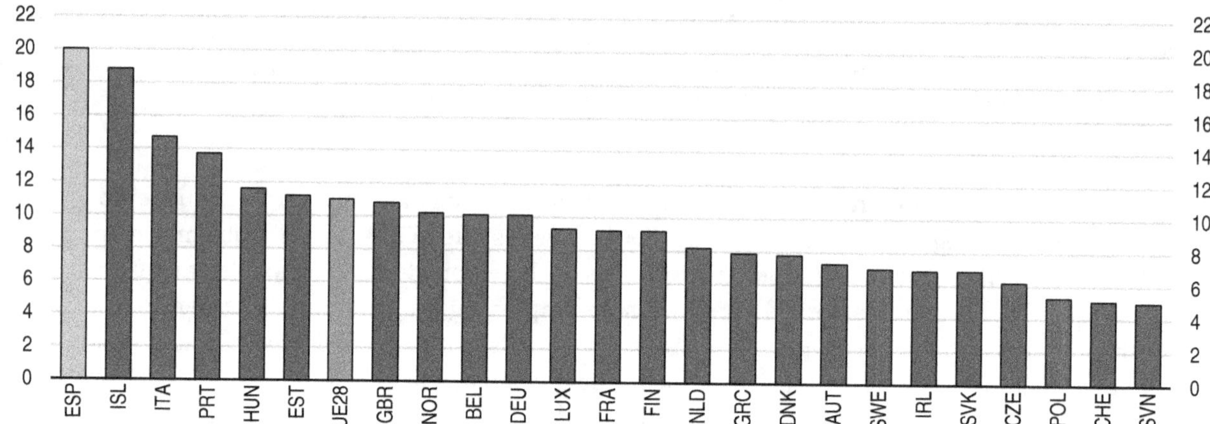

Figura 22. **Las tasas de abandono escolar temprano son elevadas**

Porcentaje de la población con edad comprendida entre 18 y 24 años con estudios correspondientes al primer ciclo de la educación secundaria o inferiores y que no esté en contacto con ninguna modalidad de educación superior o formación, 2015

Fuente: Eurostat (2016), "Early leavers from education and training", *base de datos de Eurostat*, diciembre.

StatLink ᨏᨁᨏ *http://dx.doi.org/10.1787/888933459038*

La enseñanza y formación profesionales (EFP) puede facilitar la transición de los estudios al mundo laboral. La Ley Orgánica para la mejora de la calidad educativa (LOMCE) introdujo la nueva EFP básica, un programa auxiliar para los alumnos con peores resultados que les permite obtener un certificado reconocido por la Unión Europea, que parece que ha contribuido a reducir la tasa de abandono escolar. El objetivo principal de la LOMCE con la reforma de la EFP fue dotar a la EFP de grado medio de mayor atractivo para los alumnos y las empresas: se han rediseñado los cursos de la EFP de grado medio para adaptarlos a las necesidades del mercado laboral, incrementando la formación en el propio puesto de trabajo, reforzando la enseñanza de las habilidades fundamentales y facilitando la transición entre la EFP de grado medio y la FFP de grado superior. Asimismo, se ha asignado una mayor financiación. A pesar de estos avances, y si bien ha aumentado el número de graduados, son pocos los alumnos matriculados en la EFP en secundaria; además, estos programas siguen sin tener una orientación laboral suficiente y, en líneas generales, no promueven el paso a la EFP de grado superior.

Es necesario adoptar mayores esfuerzos para consolidar el sistema de EFP dual, en el que se combina la formación en el centro educativo con formación en el centro de trabajo. Las prácticas en empresas y los contratos de formación han aumentado de manera significativa desde 2012, pero sólo el 2% de los alumnos de la escuela secundaria superior está matriculado en este sistema. Uno de los principales obstáculos para ampliar estos programas aún más es conseguir que de las empresas proporcionen formación: la mayor parte de las entidades españolas son microempresas que no cuentan con suficientes recursos económicos y humanos para colaborar con los programas del sistema de EFP. A la vista de estas limitaciones, las autoridades están tratando de establecer una mayor colaboración entre las distintas partes interesadas. Las Cámaras de Comercio, en colaboración con las instituciones empresariales y sindicatos, tienen una función importante que desempeñar a la hora de respaldar la colaboración entre las empresas y los centros educativos. Dicha colaboración podría facilitarse aún más aprendiendo de la experiencia de algunas comunidades autónomas en las que grupos de empresas que tienen necesidades similares de trabajadores con determinadas cualificaciones de la EFP trabajan juntos para ofrecer practicas (como es el caso del Grupo de Iniciativas Regionales de Automoción de Cantabria). Asimismo, para reforzar esta colaboración, sería recomendable que las empresas desempeñaran una función más activa en el diseño de los planes de estudio, garantizando que las habilidades que se desarrollan cumplen las necesidades empresariales.

Si bien la proporción de estudiantes que terminan la educación secundaria superior está claramente por debajo del promedio de la OCDE (Figura 23), la proporción de estudiantes que terminan la educación superior se sitúa en la actualidad a la par que muchos otros países de la OCDE. Sin embargo, el conjunto de las habilidades de los graduados de la educación superior se sitúa entre las más bajas de la OCDE, lo cual denota una educación universitaria de baja calidad (OCDE, 2015d) que se combina con un deterioro de sus habilidades una vez que se incorporan al mercado de trabajo. En España concurre una complicada combinación de factores que explican las bajas habilidades que los alumnos españoles adquieren en la universidad (OCDE, 2014a). Entre dichos factores se incluyen la aplicación de fórmulas de financiación que se basan casi exclusivamente en el número de alumnos, sistemas de gobernanza con insuficientes mecanismos externos de rendición de cuentas, procedimientos de selección que promueven los criterios de endogamia y unos niveles de movilidad muy bajos tanto entre los alumnos como en el profesorado.

Figura 23. **La proporción de generaciones más jóvenes con educación superior se sitúa en niveles cercanos al promedio de la OCDE**

Proporción de la población entre 25 y 34 años de edad por nivel de educación completado, porcentaje, 2015[1]

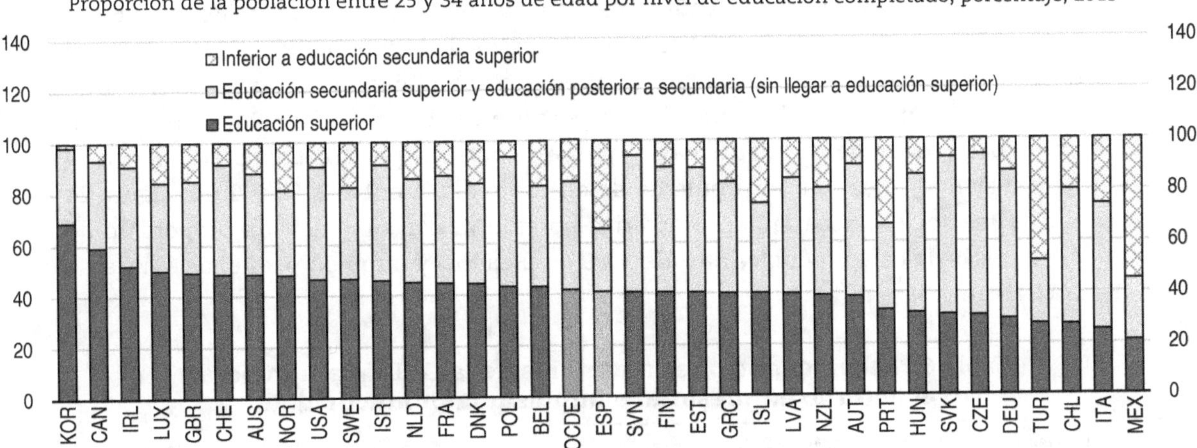

1. Datos correspondientes a 2013 en el caso de Chile. Datos correspondientes a 2014 en el caso de Francia.
Fuente: OCDE (2016), "Education at a glance: Educational attainment and labour-force status", *Base de datos de estadísticas de educación,* diciembre.

StatLink http://dx.doi.org/10.1787/888933459041

Reducir la dualidad del mercado de trabajo

Es necesario adoptar medidas adicionales para reducir la dualidad del mercado de trabajo y mejorar la calidad del empleo. Los trabajadores temporales son quienes padecen una mayor inseguridad del mercado de trabajo, lo cual reduce sus ingresos (situándoles en ocasiones en riesgo de pobreza), sus posibilidades de formación y sus perspectivas futuras de empleo. La reforma del mercado de trabajo de 2012 redujo las indemnizaciones por despido para los contratos indefinidos, proporcionó ayudas a la contratación de nuevos trabajadores indefinidos y restableció las limitaciones legales al uso de contratos temporales. Asimismo, la reforma también ha tratado de definir con mayor claridad los criterios con arreglo a los cuales se consideran procedentes los despidos, con el objetivo de reducir los costes del despido para las empresas y, en consecuencia, facilitar la contratación (OCDE, 2014g; García-Pérez, 2016). No obstante, la incertidumbre que rodea las decisiones tomadas por los tribunales laborales sigue siendo elevada y muchas empresas siguen optando por aceptar desde el inicio que el despido sea considerado improcedente aunque resulte más costoso. A pesar de la reforma, la proporción de los trabajos temporales con respecto al conjunto del empleo se mantiene firme en torno al 25% y la duración de los contratos es a menudo muy reducida.

Los procedimientos extrajudiciales para resolver conflictos, como la conciliación, la mediación y el arbitraje, sobre despidos podrían ayudar a reducir aún más la incertidumbre. En los últimos cuatro años ha aumentado el uso de los procedimientos de conciliación. Estos se podrían desarrollar aún más para promover el diálogo y proporcionar una respuesta más ágil y eficaz frente a los litigios laborales. Por último, los costes del despido de un trabajador indefinido siguen siendo significativamente más altos que los de un trabajador temporal. Tal y como se recomendaba en el Estudio Económico de la OCDE de España de 2014, si existiera una mayor convergencia en los costes de despido de los contratos indefinidos y temporales, se podría reducir aún más la dualidad existente.

Mejorar el crecimiento sostenible a medio plazo

Potenciar la productividad

Tal y como se ha indicado en anteriores Estudios de la OCDE, el aumento del PIB per cápita y el bienestar, sobre todo mediante incrementos de la productividad, constituye el principal desafío económico de España a medio plazo (Tabla 6). El crecimiento de la productividad ha mejorado ligeramente con posterioridad a la crisis, debido en parte al menor peso del sector de la construcción – que se caracteriza por una baja productividad – pero sigue siendo bajo, con un promedio de en torno al 0% entre 2008 y 2015 (Figura 24 Panel A). El sector empresarial se caracteriza por contar con una elevada proporción de microempresas de baja productividad (de 1 a 9 empleados) y también pequeñas empresas (Figura 24, Panel B).

Tabla 6. **Recomendaciones anteriores de la OCDE para mejorar el entorno empresarial e impulsar la productividad**

Recomendaciones del Estudio Económico 2014	Medidas adoptadas desde 2014
Fomentar la diversificación de las fuentes de financiación de las empresas, reformar el sistema de licencias y permisos, y reducir la fragmentación regulatoria aplicando la ley de unidad de mercado.	Se ha seguido avanzando en la aplicación de la Ley de Unidad de Mercado. La Ley 5/2015 incluye una serie de medidas para facilitar el acceso de las pymes al crédito bancario y sienta las bases para el desarrollo de fuentes alternativas de financiación.
Incrementar los incentivos para que las pymes recurran a los procedimientos extrajudiciales previos a la insolvencia e introducir un nuevo régimen, negociado y extrajudicial, de insolvencia personal.	La Ley 25/2015 introduce una segunda oportunidad para personas físicas y facilita la aplicación de acuerdos extrajudiciales dirigidos a emprendedores y pymes.
Conservar y revisar las bonificaciones fiscales a las actividades de investigación y desarrollo y colaborar con organizaciones de investigación de mayores dimensiones a fin de fomentar su uso entre empresas más jóvenes.	En junio de 2015 se adoptó una nueva normativa para simplificar los trámites burocráticos para solicitar incentivos fiscales al I+D.
Reducir el número de profesiones en las que sea obligatorio pertenecer a un colegio profesional así como el coste de la cuota.	No se han adoptado medidas al respecto.
Reducir el número de agencias gubernamentales implicadas en la prestación de apoyo financiero a las empresas.	No se han adoptado medidas al respecto.

Figura 24. **La productividad es baja**

A. Crecimiento anual promedio de la productividad multifactorial
Porcentaje[1]

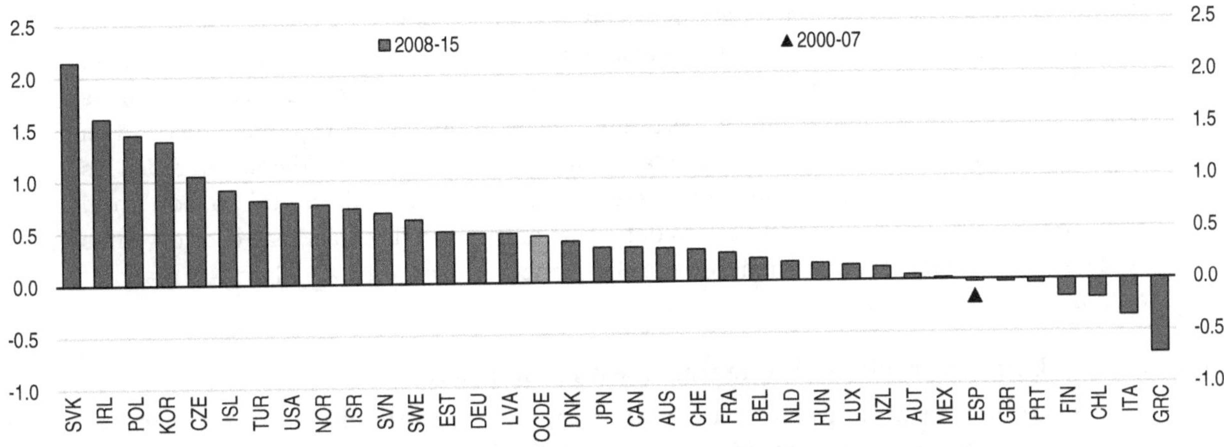

B. Productividad laboral por tamaño de empresa
Total de la economía empresarial, valor añadido por persona empleada, miles de USD PPA, 2013[2]

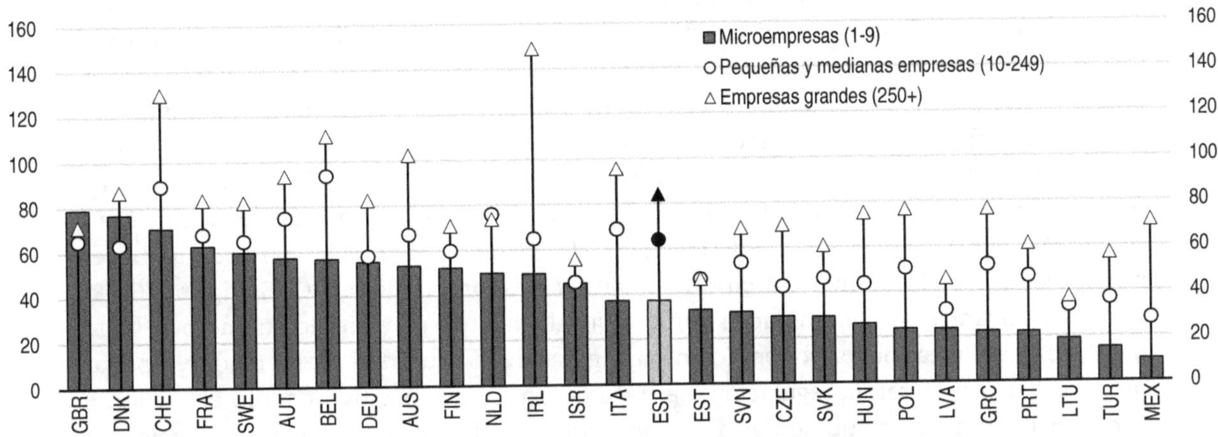

1. El total de la OCDE se calcula como un promedio no ponderado de los datos que se muestran.
2. Datos correspondientes a 2014 en el caso de México. Datos correspondientes a 2012 en el caso de Israel. Datos correspondientes a 2011 en el caso de Irlanda. El tamaño de las empresas se basa en el número de trabajadores. En el caso de Australia, la categoría de tamaño "1-9" hace referencia a "1-19", la categoría "10-249" hace referencia a "20-199" y la categoría "250+" hace referencia a "200+". En el caso de México, la categoría de tamaño "1-9" hace referencia a "1-10", la categoría "10-249" hace referencia a "11-250" y la categoría "250+" hace referencia a "251+". En el caso de Turquía, la categoría de tamaño "1-9" hace referencia a "1-19" la categoría "10-249" hace referencia a "20-249". Los datos correspondientes a Suiza y Estados Unidos hacen referencia a empleados. Los datos correspondientes a México se basan en establecimientos y no en empresas. Los datos correspondientes al Reino Unido excluyen una estimación de 2,6 millones de pequeñas empresas no registradas; se trata de empresas que no llegan al umbral del régimen del IVA y/o del régimen de retención a cuenta (sistema "PAYE") (para empresas con empleados). Los datos correspondientes al Reino Unido excluyen una estimación de 2,6 millones de pequeñas empresas no registradas; se trata de empresas que no llegan al umbral del régimen del IVA y/o del régimen de retención a cuenta (sistema "PAYE") (para empresas con empleados). PPA: paridades del poder adquisitivo.

Fuente: OCDE (2016), "OECD Economic Outlook No. 100, Vol. 2016 No. 2", *OECD Economic Outlook: base de datos de estadísticas y proyecciones,* noviembre; y OCDE (2016), *Entrepreneurship at a Glance 2016.*

StatLink ⟶ *http://dx.doi.org/10.1787/888933459052*

La productividad se ve frenada por las elevadas barreras existentes para crear y hacer crecer una empresa, la baja innovación empresarial y el elevado desajuste entre oferta y demanda de habilidades entre los trabajadores y los empleos, entre otros aspectos (OCDE, 2014a; Haugh y Westmore, 2014; Mora-Sanguinetti y Fuentes, 2012). Para poder elevar la productividad es necesario abordar diversos retos. Será fundamental mejorar la habilidades y promover que el elevado volumen de personas sin empleo busquen trabajo y atajar los problemas relacionados con la calidad de la educación que han frenado la aportación del capital humano al crecimiento, tal y como se ha indicado anteriormente. Reducir las barreras regulatorias que restringen la competencia, fomentar la innovación y garantizar que el capital se dirija a un mayor conjunto de empresas innovadoras también contribuirá a impulsar la productividad. De hecho, existen evidencias cada vez más sólidas que indican que uno de los factores importantes que contribuyen a la baja productividad en España es la asignación deficiente de capital a empresas de baja productividad en todos los sectores así como el insuficiente nivel de inversión destinado al capital basado en el conocimiento (Figura 25), mientras que la deficiente asignación de capital entre los distintos sectores desempeña un papel menor (Mora-Sanguinetti y Fuentes, 2012; García-Santana et al., 2016).

Reducir barreras regulatorias que restringen la competencia

Es fundamental contar con un marco regulatorio eficiente que respalde la competencia y la innovación para impulsar la productividad. El país ha conseguido avances a la hora de mejorar la regulación del mercado de bienes y converger hacia las mejores prácticas, lo cual es un incentivo importante para promover la innovación entre las empresas y para que sean más productivas. El Gobierno sigue consiguiendo avances en la aplicación de la Ley de Unidad de Mercado de 2013 a fin de mejorar las regulaciones empresariales en las 17 comunidades autónomas y crear así un mercado verdaderamente único en España. Un paso importante en esta dirección ha sido la creación de un proceso a través del cual el Gobierno puede tener en cuenta sin dilación las reclamaciones presentadas por cualquier persona con respecto a nuevas leyes y regulaciones que no sean coherentes con la Ley de Unidad de Mercado. No obstante, todavía se percibe que hacer negocios en España es más difícil que en otras economías de la OCDE (Figura 26). El Gobierno central y las comunidades autónomas alcanzaron un acuerdo en enero de 2017 para promover una mayor cooperación para garantizar la unidad de mercado y aplicar principios que mejoren la regulación. Se trata de un avance positivo y tanto el Gobierno como las comunidades autónomas deberían mantener el ritmo de avances conseguido en la aplicación de la Ley de Unidad de Mercado para garantizar que los obstáculos a los que se enfrentan las empresas se reduzcan y que la reforma regulatoria tenga efectos visibles sobre la productividad.

La competencia sigue siendo bastante débil en sectores que suministran insumos al sector empresarial, sobre todo en el sector de los servicios profesionales. Los servicios profesionales – que representan el 75% de los servicios prestados a empresas – son considerablemente menos productivos en España que en otras economías europeas (González Pandiella, 2014 y Figura 27). En España, los servicios profesionales están sujetos a unos requisitos de entrada más elevados que en la mayoría de los países de la OCDE (Figura 28). La apertura de estos servicios a la competencia incrementaría la productividad, reduciría los precios, mejoraría la calidad de los servicios y generaría más oportunidades de empleo. Las autoridades deben aprobar y aplicar la reforma de la liberalización de los servicios profesionales, prevista ya desde hace un tiempo pero aún pendiente de aprobación, ya que facilitaría el acceso y el ejercicio de los servicios profesionales, al tiempo que incrementaría la rendición de cuentas de los órganos profesionales.

Figura 25. **La inversión en innovación es baja**

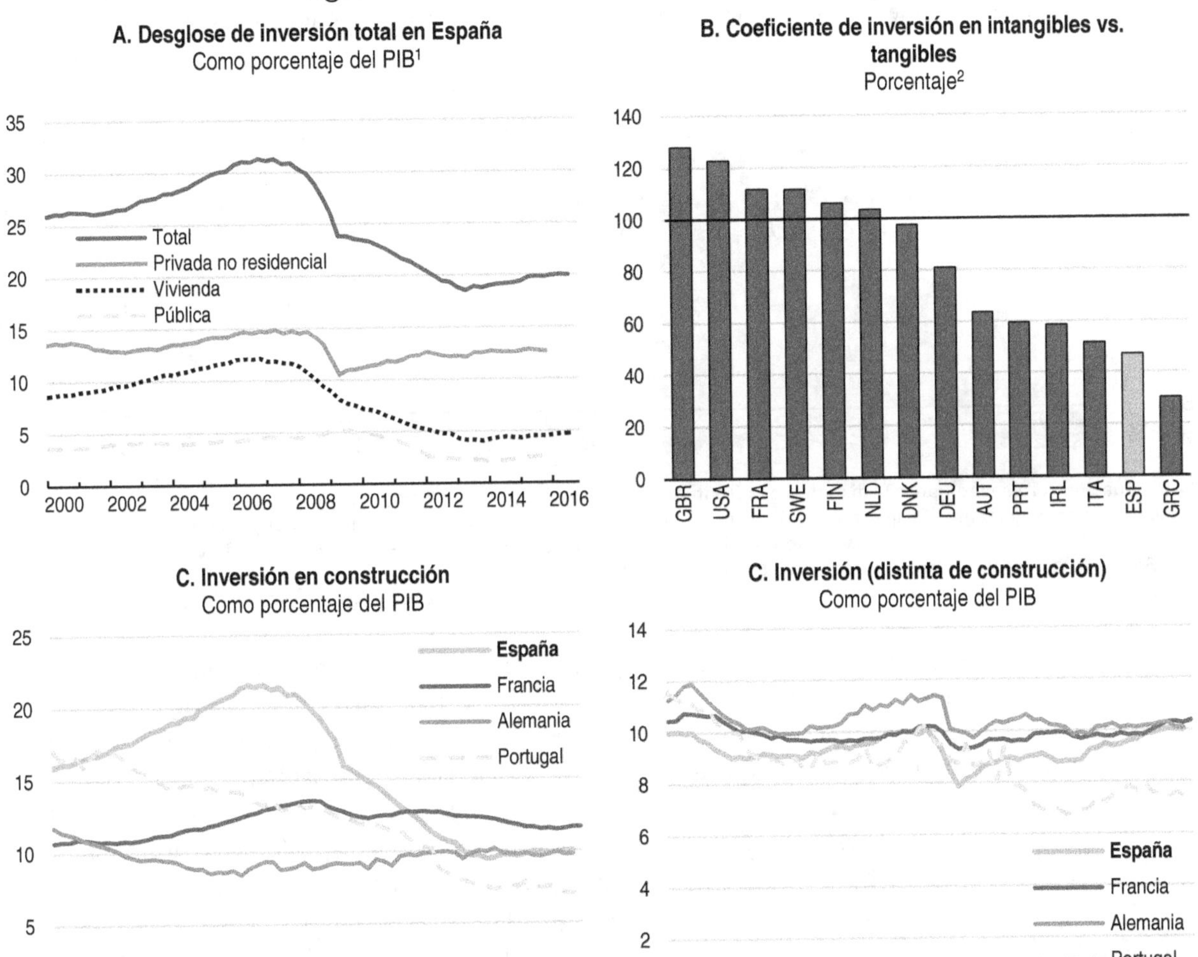

1. Los datos correspondientes a inversión privada no residencial hacen referencia a las inversiones totales (esto es, total de formación bruta de capital fijo) menos la inversión pública y la inversión en vivienda. Dado que los datos para la inversión en vivienda en España y Portugal también pueden incluir las inversiones públicas en vivienda, la serie correspondiente a inversión privada no residencial puede estar infravalorada.
2. Los datos hacen referencia al sector empresarial excluido el inmobiliario (esto es, todas las actividades salvo actividades inmobiliarias (L), administraciones públicas y defensa, seguridad social obligatoria (O), educación (P) y actividades de salud y trabajo social (Q)). La inversión hace referencia a la formación bruta de capital fijo. La inversión en intangibles hace referencia a todos los activos del capital basado en el conocimiento. Activos del capital basado en el conocimiento que son coherentes con la definición del Sistema de Cuentas Nacionales (SCN) de 2008 incluye: programas de informática, I+D, originales para esparcimiento, literarios o artísticos, y exploración minera. Otros activos del capital basado en el conocimiento incluye: diseño, nuevos desarrollos de productos en el sector financiero, marcas, formación específica para empresas y capital organizacional. La inversión en tangibles hace referencia a la formación bruta de capital fijo en la construcción y maquinaria y equipos.

Fuente: OCDE (2017), *OECD Economic Outlook: base de datos de estadísticas y proyecciones,* febrero; OCDE (2017), *OECD National Accounts Statistics* (base de datos), febrero; OCDE (2015), *Indicadores de Ciencia, Tecnología e Industria de la OCDE 2015: Innovation for growth and society;* Corrado, C., J. Haskel, C. Jona-Lasinio y M. Iommi, (2012), "Intangible Capital and Growth in Advanced Economies: Measurement Methods and Comparative Results", *documento de trabajo,* junio, (disponible en *http://www.intan-invest.net*).

StatLink ᔖ *http://dx.doi.org/10.1787/888933459060*

Figura 26. **Es más fácil hacer negocios, pero sigue habiendo margen de mejora**

Distancia a la frontera de las mejores prácticas, de 0 (peores resultados) a 100 (mejores resultados)[1]

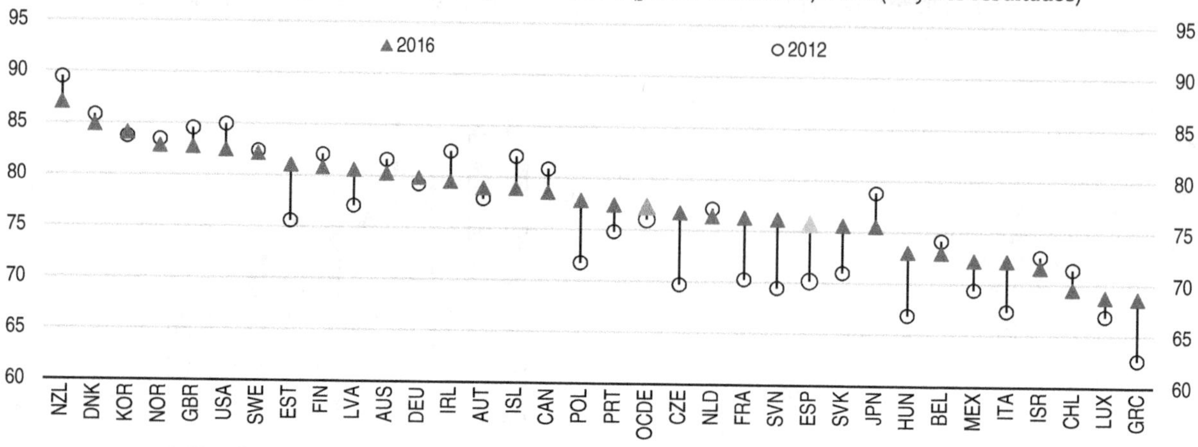

1. La puntuación correspondiente a la distancia a la frontera de las mejores prácticas ayuda a evaluar el nivel absoluto de los resultados regulatorios en el tiempo. Mide la distancia de cada economía a la "frontera", que representa el mejor resultado observado en cada uno de los indicadores en las distintas economías de la muestra realizada en el informe Doing Business desde 2005.
Fuente: Banco Mundial (2016), *Doing Business 2017: Equal Opportunity for All.*

StatLink <IIISI> *http://dx.doi.org/10.1787/888933459078*

El sistema de negociación salarial español se ha caracterizado desde hace tiempo fundamentalmente por la negociación colectiva a nivel sectorial. La prórroga de los convenios colectivos a nivel sectorial es automática en todo el país, con independencia de la representatividad de las partes implicadas en la negociación colectiva. Este tipo de convenios colectivos vinculan no sólo los salarios sino también otras condiciones laborales, tales como el horario de trabajo y los turnos, a menos que existan acuerdos específicos dentro de la empresa. La reforma laboral de 2012 dio prioridad a los convenios colectivos de las empresas y relajó las condiciones para que las entidades puedan descolgarse de dichos convenios (OCDE, 2014g). La reforma contribuyó a la moderación salarial (OCDE, 2014g; Doménech et al, 2016; García-Pérez, 2016) pero, en líneas generales, sólo se han formalizado acuerdos a nivel de empresa en las grandes entidades, y menos del 5% del conjunto de las entidades – incluidas muchas empresas grandes – han optado por descolgarse de los convenios colectivos. Las autoridades deben replantear las condiciones con arreglo a las cuales se prorrogan los convenios colectivos oficiales y, en particular, requerir gradualmente una representatividad mayor y más estricta de las asociaciones empresariales, comprobando que se lleve a la práctica dicha representatividad. Este tipo de condiciones debería evitar situaciones en las que un número limitado de empresas que consigan buenos resultados sean las que impulsen de manera excesiva dichos convenios colectivos.

Para promover el crecimiento de empresas productivas de reciente creación que generan una elevada proporción de nuevos empleos es importante contar con una justicia civil eficiente y procedimientos concursales ágiles (OCDE, 2016d). Un régimen de insolvencia eficiente anima a los emprendedores a asumir el riesgo de crear una empresa y esta asociado positivamente con el desarrollo de la iniciativa empresarial y el crecimiento de la productividad (de Serres, 2006, OCDE, 2016d). Asimismo, permite a los emprendedores pasar página con rapidez e intentarlo de nuevo si sus proyectos no tienen éxito. La eficiencia de los regímenes de insolvencia personales y empresariales ha aumentado con las reformas de 2014 y 2015, pero sigue habiendo margen de mejora. España ha introducido una "segunda oportunidad": la exención de tener que destinar sus

Figura 27. **La productividad en los servicios profesionales es baja**

Productividad aparente del trabajo, valor bruto agregado en miles de euros por persona empleada, 2014[1]

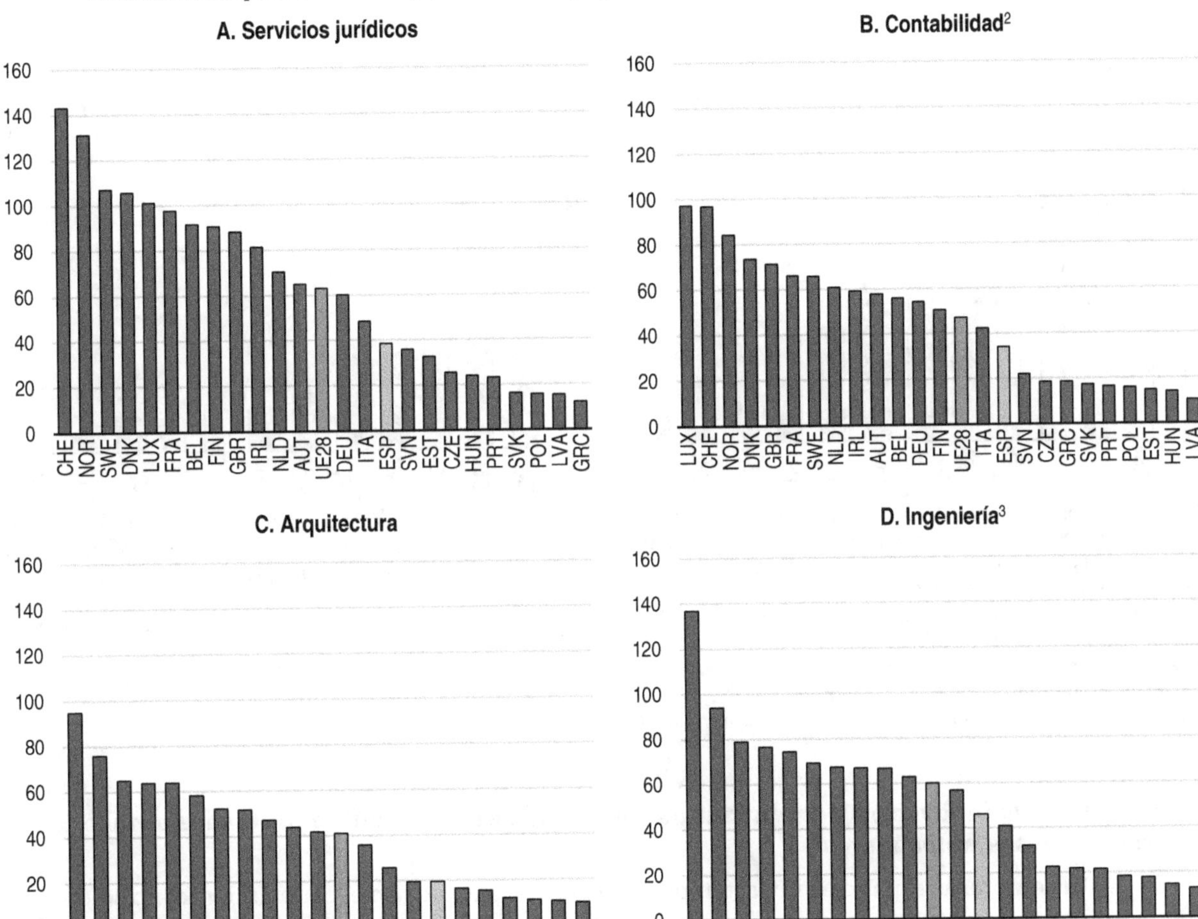

1. Datos correspondientes a 2012 en el caso de Irlanda.
2. Contabilidad, teneduría de libros y auditoría; consultoría tributaria.
3. Incluido servicios de consultoría técnica relacionados.

Fuente: Eurostat (2017), "Structural business Statistics - Services", *base de datos de Eurostat*, febrero.

StatLink ⟮⟯ http://dx.doi.org/10.1787/888933459084

ingresos futuros a devolver deudas pasadas tras una quiebra. En caso de que se satisfagan determinadas condiciones, incluido el reembolso de un determinado porcentaje de la deuda, los emprendedores quedan inmediatamente exentos de tener que devolver la deuda a través de sus ingresos futuros. Sin embargo, cuando no se llega a este umbral de pago, el deudor debe comprometerse a cumplir un plan de pagos de 5 años para la deuda no exonerada, lo cual sigue siendo elevado desde una óptica internacional (Carcea et al., 2015). En los casos en los que la condonación de la deuda no sea automática, la reducción del período durante el cual los emprendedores en quiebra estén obligados a devolver las deudas anteriores posibilitaría que estos pudieran poner en marcha un nuevo proyecto y empezaran a contratar y producir con mayor rapidez.

Figura 28. **Las barreras de entrada a los servicios profesionales son elevadas**

Indicador de regulación en los servicios profesionales, escala del índice de 0-6, de menos a más restrictivo, 2013[1]

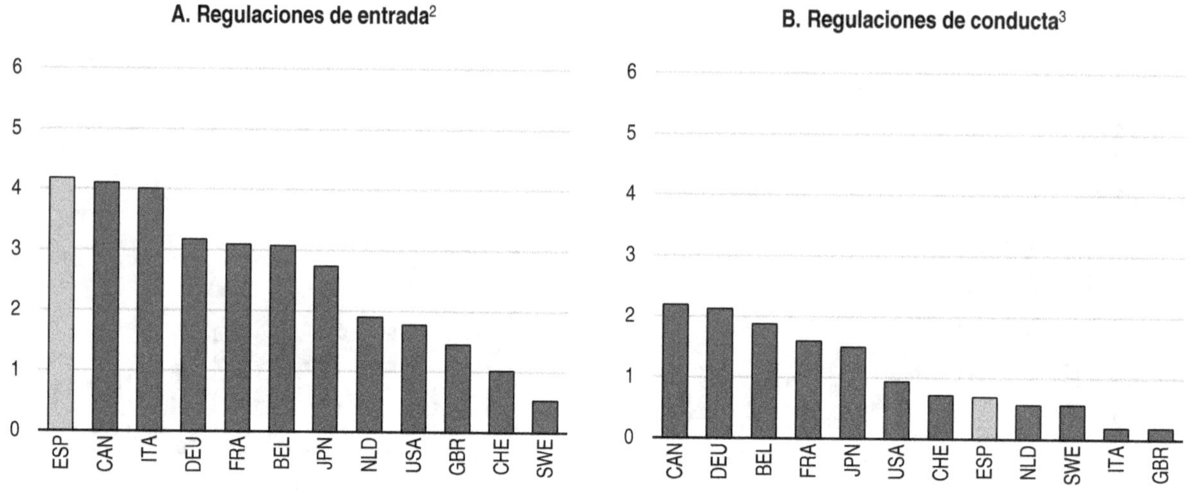

A. Regulaciones de entrada[2]

B. Regulaciones de conducta[3]

1. Los servicios profesionales abarcan cuatro sectores: servicios de contabilidad, servicios jurídicos, servicios de ingeniería y servicios de arquitectura. Para más información, véase Koske, I., I.Wanner, R. Bitetti y O. Barbiero (2015), "The 2013 update of the OECD product market regulation indicators: policy insights for OECD and non-OECD countries", Documento de trabajo del Departamento de asuntos económicos de la OCDE, N°. 1200.
2. Las regulaciones de entrada abarcan los derechos exclusivos o de exclusividad compartida, requisitos de formación, pertenencia obligatoria a una cámara y cuotas.
3. Las regulaciones de conducta abarcan regulaciones en materia de precios y honorarios, en materia de publicidad, y en forma de colaboración interprofesional y entre empresas.

Fuente: OCDE (2013), *Base de datos de la regulación de los mercados de bienes.*

StatLink http://dx.doi.org/10.1787/888933459098

Impulsar la innovación y garantizar que el capital se dirija a un conjunto más amplio de empresas innovadoras

Las empresas españolas invierten poco en activos basados en el conocimiento, no sólo en I+D sino también en otras capacidades empresariales que son importantes para la innovación (OCDE, 2015e). El Estado proporciona financiación pública específica para las inversiones en innovación en el sector empresarial a través de las bonificaciones fiscales a las actividades de I+D y de los programas de financiación directa del Gobierno. El sistema español de bonificaciones fiscales a I+D es generoso en comparación con el contexto internacional, pero son pocas las empresas que utilizan el sistema, en parte debido a la complejidad de los requisitos administrativos. Para impulsar el acceso a las bonificaciones fiscales de I+D, deben simplificarse los procedimientos y anunciarlos de forma oportuna. Asimismo, en los últimos años, una parte significativa del presupuesto público para innovación no ha llegado a gastarse porque se asignó a préstamos para empresas para sus actividades de I+D pero los préstamos no llegaron a solicitarse. Para mejorar la eficacia del apoyo a las actividades de I+D, el Gobierno debe favorecer la financiación de ayudas y proyectos de colaboraciones público-privadas en función de sus resultados en vez de favorecer los préstamos en aras de incrementar las actividades de I+D de las empresas y frenar la elevada fuga de investigadores cualificados.

Para impulsar la productividad de las empresas, será importante garantizar que la financiación se dirija a las proyectos más prometedores. La exitosa recapitalización del sistema bancario tras la crisis ha sentado las bases para una mejor asignación de capital en España. Las autoridades también han adoptado medidas para ampliar la financiación en los mercados de capitales, introduciendo un mercado alternativo de renta fija (MARF) y un mercado alternativo bursátil (MAB). Ambos mercados están creciendo pero, para tener acceso a ellos, una empresa debe tener un tamaño razonablemente grande, como indica el hecho de que el tamaño medio de las emisiones de bonos en el MARF sea de 20 millones de euros (Guijarro y Mañueco, 2013).

Para mejorar la circulación del capital y que llegue a un conjunto más amplio de nuevas empresas innovadoras es necesario que los emprendedores tengan una mejor información sobre cómo acceder a la financiación. Asimismo, es necesario que los mercados de capitales y bancarios trabajen más conjuntamente para combinar los conocimientos exhaustivos de los bancos sobre los clientes individuales con la capacidad de los mercados de capitales para conseguir una mayor distribución del riesgo. Esto es especialmente importante en el caso de las pymes, que tienen más dificultades que las empresas grandes para acceder a estos canales porque el elevado riesgo de las pymes les impide acceder a la financiación bancaria al tiempo que la falta de información y su tamaño les impide acceder a los mercados de capitales.

Para aumentar la financiación entre las pymes, es necesario introducir medidas adicionales para adaptar los procedimientos de titulización y los regímenes de garantía recíproca de manera que resulte más atractivo cotizar y comprar deuda titulizada de pymes en el MARF o en el MAB. El Gobierno podría introducir mecanismos que permitan compartir riesgos, por ejemplo avalando a los fondos de bonos de pymes que compren créditos titulizados por los bancos o bonos de menor tamaño emitidos directamente por las pymes. Para reducir los riesgos financieros, los bancos que originen los préstamos deberían estar obligados a mantener una participación en los mismos y los préstamos deberían contar con una garantía recíproca por parte de los propios bancos, tal y como se hace en Francia a través de emisiones de bonos por importes bajos a partir de 500 000 euros (OCDE, 2015f).

La financiación estatal dirigida a las empresas se puede priorizar mejor. El Instituto de Crédito Oficial (ICO), de propiedad estatal, proporciona líneas de mediación para pymes mediante las cuales los bancos comerciales asumen el riesgo de crédito con relación al préstamo. Asimismo, el ICO lleva a cabo actividades de financiación directa dirigidas a proyectos de gran envergadura en diferentes sectores económicos. El ICO debería instar a los bancos a que se centren en mayor medida en financiar a empresas innovadoras. Además, el ICO proporciona capital riesgo a través de diversos instrumentos. Uno de estos instrumentos es un "fondo de fondos" público de capital riesgo (Fond-ICO Global) creado en 2013. Fond-ICO Global debería concentrarse en las fases inicial y de madurez del ciclo de capital riesgo, en las que existe una menor disponibilidad de capital privado.

La empresa nacional de innovación (ENISA) ayuda a financiar las fases iniciales de las empresas de reciente creación, permitiéndoles contar con una trayectoria suficiente como para convencer a los inversores privados de capital riesgo para que inviertan en ellas. La financiación proporcionada por ENISA es muy modesta, si bien ha aumentado recientemente. El Gobierno debería considerar la posibilidad de incrementar aún más dicha financiación, supeditada a la oportuna revisión general del gasto público, dado que desempeña un papel complementario a la financiación del mercado, financiando a empresas de reciente creación en sus fases iniciales que no podrían conseguir financiación en el sector privado. Esto permite a dichas empresas contar con una trayectoria lo suficientemente prolongada como para convencer a los inversores privados de capital riesgo para que inviertan en ellas.

El Centro para el Desarrollo Tecnológico Industrial (CDTI) es el principal actor público que financia proyectos de I+D+i empresarial en España. El programa "Innvierte" del CDTI tiene como objetivo promover la innovación empresarial respaldando la inversión de capital riesgo en empresas innovadoras y tecnológicas, así como fomentar la entrada del capital riesgo privado para respaldar las actividades tecnológicas y de internacionalización de las empresas. La proporción de la financiación del CDTI para ayudas ha descendido con el paso del tiempo y debería haber una reestructuración parcial de la financiación del CDTI, especialmente para pymes con proyectos de desarrollo tecnológicos e innovadores.

Conseguir un crecimiento más respetuoso con el medio ambiente

Durante la última década, España ha reducido la intensidad en términos de CO_2, energía y recursos de su economía a pesar de la crisis financiera y la recesión, y ha ampliado de manera significativa las áreas naturales protegidas (OECD, 2015f). No obstante, España sigue afrontando importantes presiones medio ambientales (Figura 29). España está comprometida conjuntamente con otros estados miembros de la UE con el objetivo de reducir para el año 2020 las emisiones de gases de efecto invernadero en un 20% con respecto a los niveles de la década de los 90. Asimismo, España tiene como objetivo reducir para el año 2020 las emisiones de gases de efecto invernadero no relacionadas con el régimen de comercio de derechos de emisión en un 10% con respecto a los niveles de 2005. Conseguir que el sistema tributario sea más respetuoso con el medio ambiente, en lo cual se ha avanzado poco (Tabla 7), ayudaría a alcanzar este objetivo. España sigue teniendo menos éxito que muchos otros países a la hora de hacer uso de los residuos, ya sea mediante su reciclaje o la recuperación de energía a través de su incineración; los vertederos siguen siendo el principal método de tratamiento de los residuos municipales y su proporción ha aumentado en los últimos años.

España cuenta con uno de los niveles más elevados de tensión hídrica de la OCDE (Figura 30), debido en parte al elevado uso del agua en los sistemas de regadío agrícolas (OCDE, 2015g). En algunas comunidades autónomas, sobre todo en la zona sur en donde la agricultura de regadío es un sector clave, una proporción importante de aguas subterráneas se encuentran en riesgo de sobreexplotación y las escorrentías agrícolas están dañando la calidad de las aguas subterráneas, contribuyendo a la degradación de los ecosistemas, incluidos importantes humedales. Asimismo, el bajo precio del agua en España ha promovido una deficiente asignación del capital en el sector agrícola hacia usos poco productivos y muy intensivos en recursos hídricos, lastrando la productividad. Un aumento de los incentivos de precios en el uso del agua, incluido un régimen eficiente de comercio del agua y un sistema de precios eficiente, tal y como se recomendaba en el Estudio Económico de España de la OCDE de 2010, ayudaría a generar incentivos para utilizar tecnologías de ahorro de agua de manera más generalizada en la producción agrícola. Las recientes medidas temporales introducidas en virtud de un decreto ley en 2015 en respuesta a la sequía, que incluyen la autorización a vender derechos sobre recursos hídricos a un conjunto más amplio de usuarios así como la venta de los derechos no utilizados en el año anterior, van en la dirección correcta y deberían hacerse permanentes. Asimismo, una fijación más acertada del precio del agua que refleje con mayor precisión todos los costes implicados en el abastecimiento de los servicios hídricos contribuiría a mejorar la eficiencia en su uso.

Figura 29. **Indicadores de crecimiento verde: España**

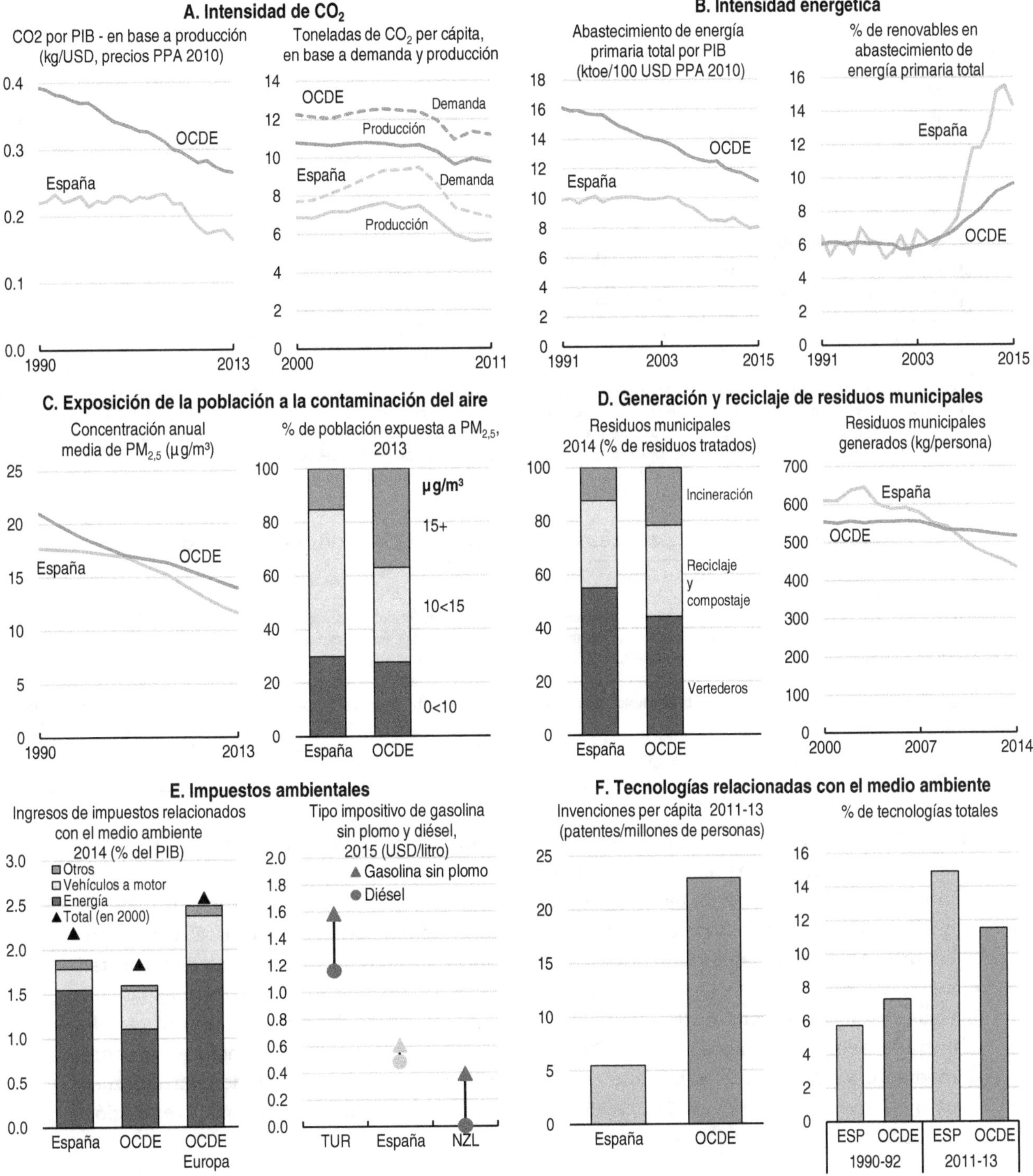

Fuente: OCDE (2016), "Green Growth Indicators" (base de datos). Para acceder a los metadatos, haga *http://stats.oecd.org/wbos/fileview2.aspx?IDFile=02a134e1-c3ec-4c5c-9a05-4ebb41a60539.*

StatLink http://dx.doi.org/10.1787/888933459108

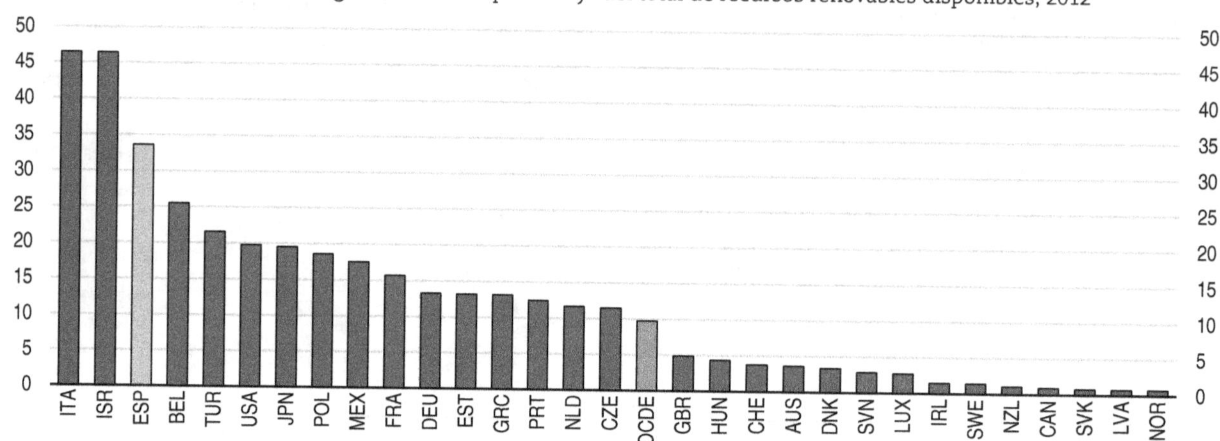

Figura 30. **La tensión hídrica es una de las más elevadas de los países de la OCDE**

Extracción total de agua dulce como porcentaje del total de recursos renovables disponibles, 2012[1]

1. Datos correspondientes a 2013 en el caso de Alemania. Datos correspondientes a 2011 en el caso de Australia, Bélgica, Canadá y Japón. Datos correspondientes a 2010 en el caso de Nueva Zelanda, Suecia y Estados Unidos. Datos correspondientes a 2009 en el caso de Irlanda. Datos correspondientes a 2008 en el caso de Italia. Datos correspondientes a 2007 en el caso de Grecia, Noruega y Portugal.
Fuente: OCDE (2017), "Green Growth Indicators", *OECD Environment Statistics* (base de datos), febrero.

StatLink *http://dx.doi.org/10.1787/888933459111*

Tabla 7. **Recomendaciones anteriores de la OCDE sobre sostenibilidad medio ambiental**

Recomendaciones del Estudio Económico 2014	Medidas adoptadas desde 2014
Homogeneizar los precios de las emisiones de gases de efecto invernadero entre las diferentes fuentes a fin de contener las emisiones de carbono y promover así un desarrollo de la industria y del empleo en sectores respetuosos con el medio ambiente.	No se han adoptado medidas para incrementar la tributación del litro de diésel hasta equipar su precio de carbono al de la gasolina.
Velar por que la política de apoyo a las tecnologías con bajas emisiones de carbono sea predecible.	En julio de 2014, se adoptaron nuevos mecanismos para eliminar gradualmente el déficit de tarifa acumulado en el sector del gas. Aún está por ver si el Gobierno mantendrá su tradicional firme compromiso a equilibrar los costes e ingresos en el sector del gas.

El volumen de actividades de investigación y desarrollo para mejorar el medio ambiental en España es relativamente bajo. En gran medida, las políticas para potenciar la innovación y la adopción de tecnologías respetuosas con el medio ambiente son las mismas que las que promueven la innovación y el crecimiento general de las empresas. Sin embargo, las propias políticas ambientales – si cuentan con el diseño adecuado – pueden aportar incentivos fundamentales a las industrias verdes y potenciar la inversión en tecnologías con bajas emisiones de carbono (OCDE, 2014 y Tabla 7). El Gobierno debe seguir promoviendo la entrada de nuevas empresas con tecnologías más respetuosas con el medio ambiente mediante la reducción de las barreras de entrada y la mejora de las condiciones estructurales para las inversiones verdes (OCDE, 2015h). Asimismo, la aplicación de normas de regulación más estrictas también puede desempeñar un papel destacado.

Bibliografía

BCE (2016a), "Encuesta sobre préstamos bancarios en la zona del euro". Primer trimestre de 2016, abril de 2016.

Banco de España (2015), "El crédito y la recuperación económica". *Informe Anual 2014*.

Banco de España (2016a), "Boletín Económico, La Balanza de Pagos y la Posición de Inversión Internacional de España en 2015".

Banco de España (2016b), *Informe de Estabilidad Financiera*, mayo de 2016.

Banco Europeo de Inversiones (2016), "Investment and Investment Finance in Europe", *Financing Productivity Growth*, Recuadro 2, Capítulo 6, Departamento de asuntos económicos (BEI).

Carcea, M.C., D. Ciriraci, C. Cuerpo, D. Lorenzani y P. Pontuch (2015), "The Economic Impact of Rescue and Recovery Frameworks in the EU", *European Commission Discussion Papers*, No. 4.

Card, D., J. Kluve y A.Weber (2015), "What Works? A Meta-Analysis of Recent Active Labor Market Program Evaluations", *Documento de trabajo del National Bureau of Economic Research*, No. 21431.

Cazes, S., A. Hijzen, y A. Saint-Martin (2015), "Measuring and assessing job quality: the OECD job quality framework", OCDE, *documentos de trabajo sobre asuntos sociales, empleo y migración*, No. 174.

Cuenca, A. y Ruiz Almedral, V. (2014), "Estabilidad presupuestaria en las comunidades autónomas: más allá de la reforma de la Constitución", *Cuadernos de Información Económica*, Vol. 3 (4): 53-62.

Comisión Europea (2015), "The 2015 Ageing Report: Economic and Budgetary Projections for the EU28 Member States (2013-60)", *European Economy No. 3*, Oficina de Publicaciones de la Unión Europea, Luxemburgo.

Comisión Europea (2016a), "Informe sobre España, 2016", con un examen exhaustivo relativo a la prevención y la corrección de los desequilibrios macroeconómicos.

Flues, F. y A. Thomas (2015), "The distributional effects of energy taxes", OECD *Taxation Working Papers*, No. 23, OCDE Publishing, París. *http://dx.doi.org/10.1787/5js1qwkqqrbv-en*.

FMI (2014), "Spain selected issues", *FMI, informe del país*, No. 14/193.

FMI (2015), "2015 Article IV Consultation".

García-Pérez, J. I. (2016), "El efecto de la Reforma Laboral de 2012 sobre la dualidad y el empleo: Cambios en la contratación y el despido por tipo de contrato", Fedea Policy Papers - 2016/06.

García-Santana, M, J Pijoan-Mas, E Moral-Benito and R Ramos (2016), "Growing like Spain 1995-2007", *CEPR Discussion Paper Series 11144*.

González Pandiella, A. (2014), "Moving Towards a More Dynamic Business Sector in Spain", *Documento de trabajo del Departamento de asuntos económicos de la OCDE*, No. 1173, OCDE Publishing, París. *http://dx.doi.org/10.1787/5jxszm2k7fnw-en*.

Gobierno de España (2016), *Actualización del Programa de Estabilidad 2016-19*.

Guijarro, P. y P. Mañueco (2013), "MARF: Perspectives and risks for Spain's new alternative fixed income market", *Spanish Economic and Financial Outlook*, Vol. 2, pp. 27-35.

Haugh, D. y B. Westmore (2014), "Better Harnessing Talent and Knowledge to Boost Sustainable Medium-term Growth in Spain", *Documento de trabajo del Departamento de asuntos económicos de la OCDE*, No. 1172, OCDE Publishing, París. *http://dx.doi.org/10.1787/5jxszm4fwdjg-en*.

Haugh, D. et al. (2016), "Cardiac arrest or dizzy spell: why is world trade so weak and what can policy do about it?", *OECD Economic Policy Paper*, septiembre de 2016. No. 8, OCDE Publishing, París.

Haugh, D. y C. Martinez Toledano (2017), "The distribution of taxable income and tax expenditures in Spain: New evidence from personal income tax returns (2002-2011)", proximamente, *Documento de trabajo del Departamento de asuntos económicos de la OCDE*.

Heckman. J., S-H Moon, R Pinto, P. Savelyev y A. Yavitz (2010), "A New Cost-benefit and rate of return analysis for the Perry School Program", *Serie de documentos de trabajo del NBER*, No. 16180, julio (*www.nber.org/papers/w16180*).

Instituto de Estudios Fiscales (2015), "Evaluación de la Reforma del IRPF de 2015", *Ministerio de Hacienda y Administraciones Públicas*, Secretaría de Estado de Hacienda.

Johansson, Å., C. Heady, J. Arnold, B. Brys y L. Vartia (2008), "Tax and Economic Growth", *Documento de trabajo del Departamento de asuntos económicos de la OCDE*, No. 620, OCDE Publishing, París. *http://dx.doi.org/10.1787/241216205486*.

Medina Cas, S. y Peresa, I. (2016), "What makes a good Bad Bank? The Irish, Spanish and German Experience", *European Economy Discussion Paper 036*.

Ministerio de Hacienda y Administraciones Públicas (2016), "Presupuestos Generales del Estado 2016". Memoria de Beneficios Fiscales. *www.sepg.pap.minhap.gob.es/Presup/PGE2016Proyecto/MaestroTomos/PGE-ROM/doc/L_16_A_A2.PDF*.

Mora Sanguinetti, J. S. y A. Fuentes (2012), "An Analysis of Productivity Performance in Spain Before and During the Crisis: Exploring the Role of Institutions", *Documentos de trabajo del Departamento de asuntos económicos de la OCDE*, No. 973, OCDE Publishing, París.

OCDE (2010), *Estudios económicos de la OCDE: España 2010*, OCDE Publishing, París. http://dx.doi.org/10.1787/eco_surveys-esp-2010-en.

OCDE (2011), *Doing Better for Families*, OCDE Publishing, París, *www.oecd.org/els/social/family/doingbetter*. http://dx.doi.org/10.1787/9789264098732-en.

OCDE (2014a), *Estudios económicos de la OCDE: España 2014*, OCDE Publishing, París. *http://dx.doi.org/10.1787/eco_surveys-esp-2014-en*.

OCDE (2014b), "España: de la Reforma de la Administración a la Mejora Continua", *Informe de la OCDE sobre gobernanza pública en España*, OCDE Publishing, París. *http://dx.doi.org/10.1787/9789264210592-en*.

OECD (2014c), *Consumption Tax Trends 2014: VAT/GST and excise rates, trends and policy issues*, OECD Publishing, Paris, *http://dx.doi.org/10.1787/ctt-2014-en*.

OCDE (2014d), "Inclusive and Sustainable Economic Growth through Fundamental Tax Reform in Spain", OCDE Publishing, París.

OCDE (2014e), *OECD Employment Outlook 2014*, OCDE Publishing, París. http://dx.doi.org/10.1787/empl_outlook-2014-en.

OCDE (2014f), *Competencias más allá de la Escuela: Síntesis*, Informes de la OCDE sobre la educación y formación profesional, OCDE Publishing, París. *http://dx.doi.org/10.1787/9789264214682-en*.

OCDE (2014g), *La Reforma Laboral 2012 en España: Una Evaluación Preliminar*", OCDE Publishing, París. *http://dx.doi.org/10.1787/9789264213586-en*.

OCDE (2015a), *Pensions at a Glance 2015: indicadores de la OCDE y el G20*, OCDE Publishing, París. *http://dx.doi.org/10.1787/pension_glance-2015-en*.

OCDE (2015b), *OECD Employment Outlook 2015*, OCDE Publishing, París. *http://dx.doi.org/10.1787/empl_outlook-2015-en*.

OCDE (2015c), *OCDE, Evaluaciones del desempeño ambiental: España 2015*, OCDE Publishing, París. *http://dx.doi.org/10.1787/9789264226883-en*.

OCDE (2015d), *Informe de diagnóstico de la estrategia de competencias de la OCDE: España 2015*, OCDE Publishing, París. *www.oecd.org/skills/nationalskillsstrategies/Diagnostic-report-Spain.pdf*.

OCDE (2015e), *Indicadores de Ciencia, Tecnología e Industria de la OCDE 2015: Innovation for growth and society*, OCDE Publishing, París. *http://dx.doi.org/10.1787/sti_scoreboard-2015-en*.

OCDE (2015f), *New Approaches to SME and Entrepreneurship Financing. Broadening the range of instruments*, OCDE Publishing, París. http://dx.doi.org/10.1787/9789264240957-en.

OCDE (2015g), "Policies to Manage Agricultural Groundwater Use: Spain", *Country Profile*, OCDE, Publishing, París. *www.oecd.org/tad/sustainable-agriculture/groundwater-country-note-SPA-2015%20final.pdf*.

OCDE (2015h), Expanding Access to Clean Energy for Green Growth and Development, Policy Guidance for Investment in Clean Energy Infrastructure OCDE Publishing, París, *http://dx.doi.org/10.1787/9789264212664-en*.

OECD (2016a), *OECD Public Governance Reviews: Spain 2016 – Linking Reform to Results for the Country and its Regions*, OECD Publishing, Paris. *http://dx.doi.org/10.1787/9789264263024-en*.

OECD (2016b), *OECD Economic Outlook, Volume 2016 Issue 1*, OECD Publishing, Paris. *http://dx.doi.org/10.1787/eco_outlook-v2016-1-en*.

OCDE (2016c), *Effective Carbon Rates Pricing CO$_2$ through Taxes and Emissions Trading Systems*, OCDE Publishing, París. *http://dx.doi.org/10.1787/9789264260115-en*.

OCDE (2016d), "No Country for Young Firms?", *Nota de la Dirección de Ciencia, Tecnología e Innovación*, junio de 2016. OCDE Publishing, París. *http://dx.doi.org/10.1787/5jm22p40c8mw-en*.

ANEXO

Avances en las principales reformas estructurales

En este anexo se evalúan las medidas adoptadas con respecto a las recomendaciones incluidas en Estudios anteriores desde el Estudio de julio de 2014.

Recomendaciones de Estudios anteriores	Medidas adoptadas
A. Finanzas públicas	

Tal y como se concreta en el plan fiscal a medio plazo del Gobierno, regresar al equilibrio presupuestario ajustado por el ciclo en 2017.

A pesar de algunas desviaciones con respecto a los objetivos, España ha conseguido avances en la reducción del déficit público desde 2012. El déficit fiscal ha seguido reduciéndose en 2015 pero el ritmo de consolidación se redujo y el déficit del Gobierno general alcanzó el 5,1% del PIB en 2015, por encima del objetivo fijado en el protocolo de déficit excesivo del 4,2%. El presupuesto de 2017 tiene como objetivo que el déficit fiscal del Gobierno general se sitúe en el 3,1% del PIB.

Redistribuir carga impositiva desde el trabajo hacia la imposición indirecta, reduciendo las contribuciones empresariales a la seguridad social para los trabajadores con menor cualificación, aumentando los impuestos medioambientales y sobre bienes inmuebles, y reduciendo las exenciones en el impuesto sobre el valor añadido, el impuesto sobre sociedades y el impuesto sobre la renta.

Una medida temporal adoptada para impulsar el empleo indefinido entre febrero de 2015 y agosto de 2016 redujo temporalmente las contribuciones empresariales a la seguridad social (deducción de los primeros 500 euros). Se limitó a las nuevas contrataciones de trabajadores indefinidos y se dirigía, sobre todo, a los niveles de ingresos más bajos.

La reforma tributaria de 2014 redujo los tipos oficiales del impuesto sobre la renta, en especial para los trabajadores con salarios más bajos, y simplificó las diferentes deducciones sobre las rentas del trabajo.

La reforma también eliminó varios beneficios fiscales: la anterior exención por dividendos de 1.500 euros; los beneficios fiscales del alquiler para el arrendador; la exención de las indemnizaciones por despido y los coeficientes de corrección al calcular las plusvalías.

Ampliar la base impositiva del impuesto sobre sociedades, reducir el tipo y eliminar los regímenes especiales para pequeñas y medianas empresas.

La reforma tributaria de 2014 redujo el tipo general del impuesto sobre sociedades del 30% en 2014 al 25% en 2016 al unificarlo con el tipo aplicado en el régimen especial para pymes.

Se han adoptado algunas medidas para ampliar la base del impuesto sobre sociedades: mayores límites sobre la capacidad de deducción fiscal de los gastos financieros; simplificación de la amortización; incapacidad de deducción de las pérdidas por deterioro de valor; limitación a la compensación de bases impositivas negativas anteriores hasta el 60% sin límite temporal; y limitación de la capacidad de deducción de los gastos de representación.

En diciembre de 2016 se introdujeron una serie de medidas para ampliar la base del impuesto sobre sociedades que afectan a las grandes empresas. Lo más destacado de estas medidas es que incluyen limitaciones sobre el volumen que las empresas se pueden deducir por pérdidas anteriores (un 25% para las empresas con ingresos netos superiores a 60 millones de euros y un 50% para las empresas con ingresos netos de entre 20 y 60 millones de euros). Estas medidas también limitan la capacidad de deducción de pérdidas por deterioro de valor – es decir, pérdidas que surgen como resultado de que los bienes tangibles e intangibles pierdan valor por daños – en sus participaciones o en su patrimonio neto.

| **B. Reforma del mercado laboral y del sistema educativo** | |

Fortalecer las políticas activas del mercado de trabajo mejorando la formación profesional, reforzando las capacidades y la eficiencia de los servicios públicos de empleo y potenciando la coordinación entre los distintos niveles de la administración.

En septiembre de 2014, se adoptó la Estrategia de Activación para el Empleo para potenciar la coordinación con los servicios públicos de empleo de las comunidades autónomas. Se ha aumentado el presupuesto para programas activos de empleo y la financiación proporcionada a las comunidades autónomas depende ahora de los resultados conseguidos por los servicios públicos de empleo de dichas comunidades con respecto a una serie de indicadores de desempeño. En febrero de 2015 se adoptó una Cartera Común de Servicios para garantizar unos estándares mínimos de calidad en los servicios públicos de empleo.

En septiembre de 2015 se implantó una reforma integral del sistema de formación profesional para trabajadores y demandantes de empleo.

Elevar la calidad de la innovación y fortalecer la competitividad promoviendo universidades y centros de investigación de mayores dimensiones y especialización.

Desde 2015, la nueva normativa reduce el número de grados universitarios para potenciar la especialización.

Aumentar el componente práctico del sistema de enseñanza y formación profesionales efectuado en las empresas, que actualmente se basa eminentemente en el centro educativo.

En la EFP de secundaria, el tiempo destinado a la formación práctica se ha aumentado hasta alcanzar un mínimo del 60% para todos los alumnos. La formación se lleva a cabo o bien en el centro educativo o en una empresa.

Reducir en mayor medida la indemnización por despido improcedente. En caso de que la reforma no resulte efectiva, un contrato único con una indemnización por despido inicialmente baja que aumente paulatinamente reduciría la todavía gran diferencia de los costes por despido entre contratos indefinidos y sus homólogos temporales. Esto contribuiría a reducir la dualidad de manera efectiva.

No se han adoptado medidas al respecto.

B. Reforma del mercado laboral y del sistema educativo

Para incrementar aún más la flexibilidad en las negociaciones salariales es necesario que las empresas puedan incorporarse – en lugar de descolgarse – de los convenios colectivos sectoriales, suprimiendo la prórroga automática de dichos convenios e imponiendo obligaciones de representación para los restantes convenios colectivos sectoriales.

No se han adoptado medidas al respecto.

Mejorar el mercado de la vivienda de alquiler y la movilidad laboral, introducir una red de organismos locales de arbitraje para administrar disputas entre arrendadores y arrendatarios, introducir arrendamientos periódicos renovables y reasignar parte de la financiación de la vivienda social a prestaciones para vivienda previa comprobación de los medios económicos pertinentes.

El Plan Estatal de fomento del alquiler de viviendas, la rehabilitación edificatoria y la regeneración y renovación urbanas, 2013-2016 contiene un programa de ayudas para fomentar el parque público de vivienda de alquiler.

C. Impulsar el rendimiento en el sector empresarial

Fomentar la diversificación de las fuentes de financiación de las empresas, reformar el sistema de licencias y permisos, y reducir la fragmentación regulatoria aplicando la ley de unidad de mercado.

Se ha seguido avanzando en la aplicación de la Ley de Unidad de Mercado.

La Ley 22/2014 revisa el marco jurídico para que el capital riesgo canalice recursos a las empresas durante las primeras fases de su desarrollo.

La Ley 5/2015 incluye una serie de medidas para facilitar el acceso al crédito bancario a las pymes a corto plazo. Sienta las bases para el desarrollo de fuentes de financiación alternativas, establece un régimen jurídico para las plataformas de financiación participativa ("crowdfunding"), revisa el régimen jurídico de las titulizaciones y facilita el acceso a los mercados de capitales a todos los tipos de empresas.

Incrementar los incentivos para que las pymes recurran a los procedimientos extrajudiciales previos a la insolvencia e introducir un nuevo régimen, negociado y extrajudicial, de insolvencia personal.

La Ley 25/2015 introduce la denominada "segunda oportunidad" para las personas físicas como mecanismo para reconducir sus vidas a pesar de un fracaso económico. La Ley 17/2014 promueve la adopción de acuerdos con los acreedores después de que el deudor haya detectado cualquier tipo de advertencia anticipada de riesgo de insolvencia.

Conservar y revisar las bonificaciones fiscales a las actividades de investigación y desarrollo y colaborar con organizaciones de investigación de mayores dimensiones a fin de fomentar su uso entre empresas más jóvenes.

En junio de 2015 se adoptó una nueva normativa para simplificar los trámites burocráticos para solicitar incentivos fiscales al I+D.

En el marco de la reforma del impuesto sobre sociedades, desde el 1 de enero de 2015, las empresas que destinen más del 10% de su cifra de negocio a actividades de I+D podrán elevar en dos millones de euros adicionales el importe de la deducción por I+D+i.

Reducir el número de agencias gubernamentales implicadas en la prestación de apoyo financiero a las empresas.

No se han adoptado medidas al respecto.

Adoptar medidas para diversificar las fuentes de financiación disponibles. A corto plazo, reforzar las líneas de mediación y las sociedades de garantía recíproca (SGR) del Instituto de Crédito Oficial (ICO).

La Ley 5/2015 tiene como objetivo facilitar el acceso a las pymes al crédito bancario y promover alternativas a la financiación bancaria, tales como las plataformas de financiación participativa. Además, ha introducido cambios legales con relación a las contragarantías proporcionadas a las sociedades de garantía recíproca (SGR) por CERSA, una sociedad pública.

El ICO ha continuado apoyando a las pymes mediante la concesión de más de 30 000 millones de euros en 2014 y 2015 a través de líneas de mediación. Asimismo, el ICO, a través de FOND-ICO Global, tiene como objetivo mejorar la capitalización de los emprendedores españoles, las pymes y las empresas de mediana capitalización a través de fondos privados, potenciando así el sector del capital riesgo.

El programa "Innvierte" del CDTI ha incrementado sus actividades de capital riesgo junto con inversores privados para apoyar a empresas innovadoras y tecnológicas, sobre todo a pymes.

Crear un registro de crédito detallado para pymes siguiendo el modelo de Banque de France, que incluya información sobre su trayectoria de pagos, operaciones financieras y posiciones de balance. Poner dicha información a disposición de los bancos.

La Ley 5/2015 ha introducido la "Información Financiera-PYME" que incluye el historial crediticio de la pyme, una relación cronológica de las obligaciones impagadas y la calificación interna proporcionada por el banco. Esta información sigue un formato estandarizado según los criterios del Banco de España y está disponible previa petición.

D. Reforma del mercado de bienes y servicios

Continuar reduciendo los costes y los procedimientos necesarios para crear empresas y eliminar barreras de entrada específicas de cada sector, incluidos servicios profesionales y transporte por ferrocarril y carretera.

La Ley de Unidad de Mercado tiene como objetivo sustituir los anteriores requisitos y condiciones de autorización por otros medios menos restrictivos de control *ex post* para simplificar los procedimientos de concesión de licencias.

Se ha elaborado un proyecto de ley que promueve la apertura de los servicios profesionales y aclara el régimen jurídico de los órganos profesionales.

La Ley 37/2015 de carreteras promueve la competencia en las áreas de servicios. La Ley 38/2015 del sector ferroviario transpone la directiva comunitaria 2012/34/UE, por la que se establece un espacio ferroviario europeo único.

Reducir el número de profesiones en las que sea obligatorio pertenecer a un colegio profesional así como el coste de la cuota.

No se han adoptado medidas al respecto.

E. Sostenibilidad medio ambiental

Homogeneizar los precios de las emisiones de gases de efecto invernadero entre las diferentes fuentes a fin de contener las emisiones de carbono y promover así un desarrollo de la industria y del empleo en sectores respetuosos con el medio ambiente.

No se han adoptado medidas para incrementar la tributación del litro de diésel hasta equipar su precio de carbono al de la gasolina.

Velar por que la política de apoyo a las tecnologías con bajas emisiones de carbono sea predecible.

En julio de 2014, se adoptaron nuevos mecanismos para eliminar gradualmente el déficit de tarifa acumulado en el sector del gas. Aún está por ver si el Gobierno mantendrá su tradicional firme compromiso a equilibrar los costes e ingresos en el sector del gas.

En 2014, el Gobierno aprobó un nuevo marco normativo para las fuentes de energía renovables que regula la producción de energía eléctrica a partir de fuentes de energía renovables, cogeneración y residuos. En 2015, se aprobó el marco jurídico por el que se regula el autoconsumo de electricidad (Real Decreto 900/2015, de 9 de octubre). Asimismo, el Gobierno aprobó en 2015 un nuevo marco regulatorio que establece objetivos de biocarburantes hasta el año 2020 (Real Decreto 1085/2015, de 4 de diciembre).

ORGANIZACIÓN DE COOPERACIÓN Y DE DESARROLLO ECONÓMICOS (OCDE)

La OCDE constituye un foro único en su género, donde los Gobiernos trabajan conjuntamente para afrontar los retos económicos, sociales y medioambientales que plantea la globalización. La OCDE está a la vanguardia de los esfuerzos emprendidos para ayudar a los Gobiernos a entender y responder a los cambios y preocupaciones del mundo actual, como el Gobierno corporativo, la economía de la información y los retos que genera el envejecimiento de la población. La Organización ofrece a los Gobiernos un marco en el que pueden comparar sus experiencias políticas, buscar respuestas a problemas comunes, identificar buenas prácticas y trabajar en la coordinación de políticas nacionales e internacionales.

Los países miembros de la OCDE son: Alemania, Australia, Austria, Bélgica, Canadá, Chile, Corea, Dinamarca, Eslovenia, España, Estados Unidos de América, Estonia, Finlandia, Francia, Grecia, Hungría, Irlanda, Islandia, Israel, Italia, Japón, Letonia, Luxemburgo, México, Noruega, Nueva Zelanda, Países Bajos, Polonia, Portugal, Reino Unido, República Checa, República Eslovaca, Suecia, Suiza y Turquía. La Comisión Europea participa en el trabajo de la OCDE.

Las publicaciones de la OCDE aseguran una amplia difusión de los trabajos de la Organización. Éstos incluyen los resultados de la compilación de estadísticas, los trabajos de investigación sobre temas económicos, sociales y medioambientales, así como las convenciones, directrices y los modelos desarrollados por los países miembros.

ÉDITIONS OCDE, 2, rue André-Pascal, 75775 PARIS CEDEX 16
(10 2017 07 4 P) ISBN 978-92-64-27191-3 – 2017